UNIVERSITÉ DE TOULOUSE

LIBERTÉ DU TRAVAIL

ET

SOLIDARITÉ VITALE

THÈSE DE DOCTORAT ÈS-LETTRES-PHILOSOPHIE

PAR

Emilien SENCHET

PARIS (5e)

V. GIARD & E. BRIÈRE

LIBRAIRES-ÉDITEURS

16, rue Soufflot, 16

1903

8R
18601

LIBERTÉ DU TRAVAIL

ET

SOLIDARITÉ VITALE

UNIVERSITÉ DE TOULOUSE

LIBERTÉ DU TRAVAIL

ET

SOLIDARITÉ VITALE

THÈSE DE DOCTORAT ÈS-LETTRES-PHILOSOPHIE

PAR

Emilien SENCHET

PARIS (5e)

V. GIARD & E. BRIÈRE

LIBRAIRES-ÉDITEURS

16, rue Soufflot, 16

1903

A MES MAITRES

MM. RAUH et BOUGLÉ

Hommage respectueux et reconnaissant

PRÉFACE

L'idée maîtresse de cette thèse nous a été suggérée par l'histoire contemporaine la plus récente. Parmi les événements dont nous avons été témoins, il en est qui firent sur notre esprit une impression plus vive. Des transformations profondes s'opéraient sous nos yeux dans le monde du travail. Avec le nouvel outillage et les nouveaux moteurs apparaissait l'usine qui devait entraîner le régime de la grande industrie. Ouvriers et patrons formaient deux classes ennemies [1]. Chacune d'elles réclamait pour soi toutes les libertés. Nous comprîmes alors que le grand problème qui torture notre société porte sur la conception et les limites de la liberté du travail.

Ainsi la liberté qui nous intéresse n'est pas une notion abstraite et vague, un sentiment universel et absolu. Elle revêt à nos yeux des nuances diverses au gré des mille circonstances de l'histoire. Elle est aussi

---

1. Charles Benoist, *Revue des Deux-Mondes* : Le travail, le nombre et l'État ; n° du 15 mars 1901.

vivante que la conscience contemporaine dont elle constitue une partie intégrante. Il semble, en effet, que depuis le xviii° siècle de nouvelles règles d'action ont surgi dans l'Europe occidentale et aux États-Unis d'Amérique. Dans ces pays, le devoir social du temps présent n'incombe plus seulement à un monarque ou même à une élite. Il enveloppe dans ses mailles étroites tous les membres d'une société. La cohésion des différents groupements économiques ou nationaux était autrefois le plus souvent maintenue par la violence ou la ruse, l'ignorance ou la peur, l'égoïsme individuel ou la tradition lointaine. Dorénavant, le lien social sera la conscience même des associés, et par la force des choses, toute question sociale deviendra de plus en plus une question de morale sociologique (1).

Tel est le sens dans lequel s'est faite l'évolution humaine, si des peuplades primitives nous nous élevons jusqu'aux nations civilisées de notre siècle. Il serait téméraire de vouloir révéler en quelques pages ce magnifique épanouissement de la conscience sociale. Un choix s'impose parmi les règles d'action de tout associé. C'est le devoir de liberté du travail que nous essaierons aujourd'hui de préciser.

Dans ce but nous nous placerons successivement au point de vue de l'économiste, du sociologue et du

1. Voir p. 168, 2° partie de cette étude.

moraliste. L'objet de notre étude, c'est en effet le travailleur d'aujourd'hui considéré comme une force économique vivant dans la société française et se dirigeant d'après sa conscience.

1° *Partie économique.* — Libéraux intransigeants, socialistes, solidaristes se sont fait une conception différente de la liberté économique. Nous nous adresserons aux représentants les plus illustres de ces trois doctrines : Leroy-Beaulieu, Jaurès et Deschanel. La critique de leurs systèmes amènera une première délimitation de la liberté du travail par la solidarité.

2° *Partie sociologique.* — Après avoir sérié les sens du concept étudié, et motivé notre choix entre ces divers sens nous déterminerons grâce à la sociologie, la forme scientifique que doit prendre la liberté du travail. En transposant à ce second point de vue les données du problème nous constatons que les trois systèmes économiques étudiés font place à un seul concept positif qui les synthétise en les rectifiant. Une même loi sociologique nous apparaît en effet comme le nerf caché de ce triple idéal. La liberté isolée de Leroy-Beaulieu, la liberté collective de Jaurès et la liberté protégée de Deschanel sont des conceptions qui, rectifiées, fourniront les bases économiques de la liberté sociologique conçue par MM. Durkheim et de Roberty. Il ne nous restera plus qu'à approfondir leur pensée et à exprimer sous une forme neuve (grâce à la construction de certains schèmes de géométrie sociale) notre idéal économique de liberté solidaire.

3° *Partie morale*. — Dans une troisième partie nous nous élèverons jusqu'à la morale. Nous nous poserons alors le problème des rapports nécessaires de la liberté du travail et de la solidarité (1). Nous assisterons au conflit de ces deux notions dans la société contemporaine, nous verrons comment leur accord est rendu possible par leur limitation réciproque. Enfin, pour définir le devoir de liberté de travail en fonction de celui de solidarité vitale l'appel à la conscience s'imposera. Il faudra rechercher si dans des conditions économiques et sociologiques déterminées, le travailleur français ne se sent pas obligé de prendre une certaine attitude. Cette attitude nous la fixerons si nous mettons en formule l'élément commun aux divers dictamen de notre conscience (2). Ainsi c'est

---

1. Par solidarité j'entends tout à la fois l'interdépendance des phénomènes sociaux et l'obligation qui résulte pour chacun de nous de cette dépendance. Justice sociale et solidarité sont donc en ce dernier sens synonymes.

2. Cette méthode ressemble à celle de M. Durkheim, telle du moins qu'elle se dégage de son beau volume sur la division du travail. Elle en diffère cependant. Nous ne nous contentons pas de préciser, grâce à l'économie politique et à la sociologie théorique, tel idéal moral. Nous posons ensuite à la conscience d'un homme de ce temps la question suivante : « Cet idéal dont nous venons de déterminer les conditions d'existence est-il obligatoire ? ». L'appel à la conscience, s'il

dans le cœur de l'individu social que nous découvrons deux principes d'obligation qui constituent les devoirs primordiaux de la sociologie pratique (solidarité vitale et liberté sociale). La limitation réciproque de ces deux principes nous fournira la formule précise du devoir de liberté du travail. L'accord de la liberté et de la solidarité morale sera de la sorte établi. Il n'y aura plus qu'à chercher comment cet accord peut être réalisé dans les faits. Ce sera l'objet de notre dernier chapitre.

Voilà toute notre tâche. Elle ne sera pas inutile si nous songeons que dans le monde entier la liberté sociale traverse en ce moment une crise redoutable. Avant de mourir, Gambetta, Challemel-Lacour, Léon Say, Spuller ont gémi sur ce qu'ils appelaient les « retards », l'« éclipse », ou encore la « catastrophe » de la liberté. Il est donc vrai qu'à l'heure actuelle, la liberté française ne nous apparaît plus comme son aînée, la liberté grecque, tenant dans ses mains une corne d'abondance, coiffée du bonnet de l'indépendance et de la folle gaieté. Elle ne s'est point encore envolée sous d'autres cieux et ne saurait le faire tant que la conscience française gardera sa vigueur. Nul ne saurait la proscrire sans faire reculer la civilisation dont la jus-

est postérieur à la détermination sociologique de l'idéal d'un temps ne saurait amener ni confusion dans les recherches, ni déformation de cet idéal. La certitude morale a seulement pour effet de corroborer la certitude théorique.

tice et la liberté sont les lois primordiales. Puisque la liberté française est en péril, notre devoir est de la sauver en la précisant, en la voulant pour les autres comme pour nous-même, mais surtout en l'aimant (1). Aussi, dans cette étude sur la liberté sociale que menacent tout à la fois, comme nous le disait M. Durkheim, l'exploitation capitaliste et la tyrannie syndicale, songerons-nous à ces vers d'un contemporain :

> Que ne puis-je sculpter la statue éclatante
> Que je dois élever à notre Liberté :
> Une pâle Beauté de grâce frémissante
> Dans son manteau sanglant drapée avec fierté.

E. Senchet.

1. Voir ch. III et IV du livre III: *Le devoir de la foule et celui de l'élite*.

BIBLIOGRAPHIE

N. B. — Cette bibliographie ne prétend pas être complète. Nous avons seulement voulu donner quelques indications utiles sur la question que nous posions en ces termes :

LIBERTÉ DU TRAVAIL ET SOLIDARITÉ SOCIALE

I. — Partie économique
Conception socialiste de la liberté du travail

JAURÈS. — *De primis socialismi germanici lineamentis*, Tolosæ, Chauvin et fils, 1891
— Série d'articles parus dans la *Dépêche* de Toulouse en octobre 1893.
— *Journal Officiel*, Discours à la Chambre, cf. 1893-1897 et 1902-1903.
— *Revue socialiste*, nos de mars, avril, juin et août 1895.
— Préface de *La société collectiviste* d'H. Brissac, librairie de la *Revue socialiste* Paris, 1895
— Préface de l'*Application du système collectiviste* de L. Deslinières, Paris, librairie de la *Revue socialiste*.

— Introduction à la *Morale sociale* de Benoît Malon, librairie de la *Revue socialiste*. Paris, 1895.
— Le socialisme de Jaurès (série d'articles parus dans le *Télégramme* en décembre 1895 et janvier 1896 sous la plume du philosophe Y).
— *Cosmopolis*, janvier 1898.
— *Revue de Paris*, Vues politiques, 1er avril 1898 ; Socialisme et liberté, 1er décembre 1898.
— *L'action socialiste* Société nouvelle, Paris, 1899.
— *Etudes socialistes*, Paris, 1902.
— Articles de la *Petite République*.
— Conférences faites à Paris et en province.

Autres ouvrages à consulter

Proudhon. — *Œuvres complètes*, Paris, 1868-1876.
Vandervelde. — *Évolution industrielle et collectivisme*, Paris, Société nouvelle, 1901, 3 vol.
Fournière. — *Essai sur l'individualisme*, Paris, 1901, chez Alcan.
Merlino. — *Formes et essence du socialisme*, Paris, 1898, chez Giard et Brière.
Sorel. — Préface de l'ouvrage de Merlino et articles divers, *L'avenir socialiste des syndicats* (brochure).
Pelloutier. — *Bourses du travail*, Paris, Société nouvelle.
Gabriel Deville. — *Principes socialistes*, Paris 1898.
— *Journal Officiel*, Discours sur la crise agricole, séance de la Chambre, 6 novembre 1897.
Menger. — *Droit au produit intégral du travail*, Paris, Giard et Brière, 1900.
Andler — *Les origines du socialisme d'Etat en Allemagne*, Paris, Alcan, 1897.
— *Revue de métaphysique et morale*, janvier et juillet 1900.
— *Commentaire du manifeste de Marx*, 2 vol., Paris, Société nouvelle, 1901.

ANDLER. — Préface de l'ouvrage de Menger.
GEORGES RENARD. — *Le régime socialiste*, Paris, Alcan, 1898.
BENOIT MALON. — *Le socialisme intégral*, Paris, Alcan, 1889, 2 vol.
JULES GUESDE. — Discours à la Chambre. Cf. *Journal Officiel*, brochures diverses.
Discours de Millerand, Société nouvelle, Paris, 1903.
BERNSTEIN. — *Die Voraussetzungen des sozialismus und die Aufgaben der sozialdemokratie*, Stuttgart, 1899.
— Articles de la *Neue Zeit*, Socialisme et science, Paris, 1903, Giard et Brière.

Conception de la liberté isolée

PAUL LEROY-BEAULIEU — *L'économiste français, passim*.
— *Collectivisme agraire et nationalisation* (brochure).
— *Travail des femmes au XIXe siècle*, Paris, Guillaumin.
— *La question ouvrière au XIX siècle*, Paris, Guillaumin.
— *Essai sur la répartition des richesses*, Paris, Guillaumin, 1888.
— *Le collectivisme*, 2e édition, Paris, 1885, Guillaumin.
— *Traité théorique et pratique d'économie politique*, 5 vol. in-8°, Paris, 1897-98, Guillaumin.

Autres ouvrages à consulter

TURGOT. — *Œuvres*, Paris, 2 vol., Guillaumin.
BASTIAT. — *Œuvres*, Paris, 1881-1883.
DUNOYER. — *Liberté du travail*, 2 vol., Paris, Guillaumin.
Dictionnaire de Léon Say et Chailley, Bert.; Cf. p. 767, Liberté économique et p. 1083 *Travail* par Liesse, Paris, 1890-92.

Léon Say. — *Les finances de la France sous la troisième République*, 4 vol., Paris, Calmann Lévy, 1901.
Léon Say. — *Socialisme d'État*, pp. 62 et 70.
Liesse. — *Le travail*, Paris, Guillaumin. 1899.
Levasseur. — *La population française*, Paris, 1889-1892.
— *Histoire des classes ouvrières en France depuis 1789*, Paris, 2ᵉ édit., 1902.
P. Beauregard. — *La théorie des salaires. Éléments d'économie politique*, Paris, 1889.
Hubert-Valleroux. — *Le contrat de travail*, Paris, Rousseau, 1895.
— *Journal des économistes, passim.*
Bourguin. — *Revue politique et parlementaire*, avril, mai, juin, 1901.
Yves Guyot. — *Économie politique.*
— *Morale de la concurrence*, Paris, 1896, chez Colin.

Conception de la liberté solidaire

Deschanel. — *Figures littéraires* (conclusion) Paris, 1890.
— *Journal Officiel*, Discours à la Chambre, 1892-1903.
— *Décentralisation*, Paris, 1895.
— *Question sociale*, Paris, 1898, 4ᵉ édition.
— *République nouvelle*, Paris, 1898.
— *Quatre ans de présidence*, Paris, 1902.
— Valeur, capital, salaire, ou les idées mères du socialisme, *Télégramme*, 1ᵉʳ avril 1895.
— Feuilleton des *Débats*, 6 mai 1898, La philosophie sociale de M. Paul Deschanel, par J. Bourdeau.

Autres ouvrages à consulter sur la conception solidariste de la liberté

Gide. — *Economie politique*, Paris, 1899.
— *Ecole nouvelle ou conférence sur la solidarité dans quatre écoles d'économie sociale*, Paris, 1890.

— La coopération (conférences de propagande), Paris, 1900, chez Larose.

Compte-rendu du Congrès de l'éducation sociale, Paris, 1901.

Léon Bourgeois. — *La solidarité*, Paris, Alcan, 1896

Léon Bourgeois. — 3 conférences dans *Essai d'une philosophie de la solidarité*, Paris, 1902.

Hector Depasse. — *Du travail et de ses conditions*, Paris, 1895.

— Rapport sur les conseils du travail. — Transformations nécessaires, *Revue bleue*.

Henry Michel. — *L'idée de l'État*, Paris, 1897.

— *La doctrine politique de la démocratie* (brochure), Paris, chez Colin, 1901.

Boncour. — *Fédéralisme économique*, Paris, 1901.

Prins. — *Organisation de la liberté*, Paris, 1895.

— La tendance collectiviste dans la *Revue des Deux-Mondes*, 15 septembre et 1ᵉʳ novembre 1902.

Charles Benoist. — *Revue des Deux-Mondes*, nᵒˢ des 15 janvier 1899, 15 décembre 1900, 1ᵉʳ juillet 1902, 15 août 1902, 15 septembre 1902 et 1ᵉʳ septembre 1902, Le travail dans l'État moderne.

Fouillée. — *Science sociale contemporaine*, Paris, 1880.

— *Propriété sociale et démocratie*, Paris, 1884.

— *Le mouvement positiviste*, p. 242, Paris, 1896.

— Le progrès social en France (15 juin 1899), dans la *Revue des Deux Mondes*.

Léon XIII. — Encyclique *Rerum Novarum*.

Faguet. — *Questions politiques*, Paris, 1899.

— *Problèmes politiques du temps présent*, Paris, 1901.

— *Le libéralisme*, Paris, 1902.

Revue. — *La réforme sociale, passim*.

Le Play. — *Ouvriers européens*, Tours-Paris.

— *Ouvriers des Deux-Mondes*, Tours-Paris.

— *Réforme sociale*, Tours-Paris.

— *De l'organisation du travail*, Tours-Paris.

— *Programme des Unions*, Tours-Paris.
— *Constitution essentielle de l'humanité*, Tours-Paris.
Vacherot. — *Démocratie*, pp. 19 et 229, Paris.
Stein. — *La question sociale*, Paris, chez Alcan.
Jay. — *Évolution du régime légal du travail*.
Bancel. — *Le coopératisme*, Paris, 1901.
Tanon. — *Évolution du droit et de la conscience sociale*, Paris, 1900.
Journal Officiel, Projet de Waldeck-Rousseau-Millerand 15 novembre 1900.
Stocquart. — *Le contrat de travail*, Bruxelles-Paris, 1895
Fabreguettes. — *Le contrat de travail*, Paris, 1896.
Bureau. — *Le contrat de travail*, Paris, 1902.
Raynaud. — *Le contrat de travail*, Paris, 1901.

Documents divers à consulter pour la conception économique en général

Journal Officiel. — Loi du 21 mars 1884 sur les syndicats professionnels et les discussions qui la précédèrent.
Barberet. — *Le travail en France*, 7 vol., Paris, 1886-89.
La statistique annuelle.

Publications de l'Office du Travail

Conditions du travail du quart environ des ouvriers de la grande et de la moyenne industrie, 4 vol., 1902.
Annuaire des syndicats professionnels.
Les associations ouvrières de production (en France). 1897.
Les associations professionnelles ouvrières, 1899.
Statistique des grèves et des recours à la conciliation et à l'arbitrage survenus pendant l'année 1899.
Résultats statistiques du recensement des industries et professions, 4 vol., 1901.
Bulletin de l'Office du travail.

Comptes-Rendus de la Commission des Douanes
Huret. — *Enquête sur la question sociale*, Paris, avec préface de P. Deschanel.
De Seilhac. — *Congrès ouvriers en France*, Paris, 1899.
— *Syndicats ouvriers, Fédérations, Bourses du travail*, Paris, 1902.
Halévy. — *Essais sur le mouvement ouvrier*, Paris, 1902.

II. — Conception sociologique de la liberté du travail

L'année sociologique (5 années parues).
Revue internationale de sociologie.
Annales de l'Institut international de sociologie.
Revue de métaphysique et de morale.
Critique philosophique.
Revue philosophique.
Auguste Comte. — *Cours de philosophie positive*, Paris, 6ᵉ édition, Société positiviste.
Lévy-Bruhl. — *Auguste Comte*, Paris, Alcan, 1900.
— La morale sociale d'Auguste Comte, *Revue bleue*, 20 janvier 1900.
Spencer. — *L'individu contre l'Etat*, Paris, 1885.
— Introduction à la *Science sociale*, Paris, 2° édition, Alcan.
— *Principes de sociologie*, Paris, 1887-1891.
Tarde. — *Les lois de l'imitation*, Paris, 1895, 2° édition.
— *Logique sociale*, Paris, 1898, 2ᵉ édition.
— *Les lois sociales*, Paris, 1898, 2ᵉ édition.
— *L'opposition universelle*, Paris, 1897.
— *Transformations du pouvoir*, Paris, chez Alcan
— *Etudes pénales et sociales*, Lyon-Paris, 1900.
— *L'opinion et la foule*, Paris, 1901.
Worms. — *Organisme et société*, Paris, chez Giard et Brière, 1895.

Bouglé. — *Les sciences sociales en Allemagne*, Paris, 1896.
— *Revue de Paris*, n° du 1ᵉʳ août 1897, Qu'est-ce que la sociologie ?
— *Revue philosophique*, n° d'août 1901.
— *Les idées égalitaires*, Paris 1899
Mauss et Fauconnet. — Article Sociologie dans la *Grande revue encyclopédique*.
Giddings. — *The principles of sociology*, New-York et London, 1899.
Simiand. — *Revue de métaphysique* (articles cités).
— Comptes-rendus de l'année sociologique.
Richard. — *Le socialisme et la science sociale*, Paris, 2ᵉ édit., 1899.
Croce. — *Essais d'interprétation et de critique de quelques conceptions du Marxisme*, Paris, chez Giard et Brière.
— *Matérialisme historique et économie Marxiste*, Paris, 1901.
Jaurès. — Matérialisme de l'histoire (conférence contradictoire avec P. Lafargue). Lille, chez Lagrange, 1901.
Labriola. — *Conception matérialiste de l'histoire*, Paris, 1897.
Marx. — *Le capital*, 3 volumes parus.
De Laveleye. — *Le socialisme contemporain*, Paris, 1890.
Deniker. — *Races et peuples de la terre*, Paris, 1900.
De Greef. — *Transformisme social*, Paris, 1895.
Lagrésille. — *Vues contemporaines de sociologie et de morale sociale*.
Goblot. — *Essai sur la classification des sciences*, Paris, chez Alcan, 1898.
Lacombe. — *De l'histoire considérée comme science*, Paris, 1894.
Topinard. — *Anthropologie et science sociale*, Paris.
Coste. — *L'expérience des peuples et les prévisions qu'elle autorise*, chez Alcan, 1900.

Langlois et Seignobos. — *Introduction aux études historiques.*
— *Méthode des sciences sociales.*
Durkheim. — *De la division du travail*, 1893, Paris, voir Préface de la deuxième édition.
— *Revue bleue*, 19 mai 1900, La sociologie en France.
Durkheim. — *Règles de la méthode sociologique*, 2ᵉ éd. 1901.
— *Le suicide*, Paris, 1897.
— Etudes publiées dans l'*Année sociologique* et la *Revue de métaphysique et de morale*.
De Roberty. — *La sociologie* (Bibliothèque scientifique internationale), 4ᵉ édition.
— *Essais sur la sociologie considérée comme morale élémentaire*, chez Alcan, Paris.
— Premier Essai, *Le bien et le mal*, Paris, 1896.
— Deuxième Essai, *Le psychisme social*, Paris, 1897.
— Troisième Essai, *Les fondements de l'éthique*, 1898.
— Quatrième Essai, *Constitution de l'éthique*, 1900.
— *Troisième année sociologique*, Compte-rendu de M. Parodi.

III. — Conception morale de la liberté solidaire

Kant. — *Critique de la raison pratique*, Ed. Barni.
Renouvier. — *Science de la morale.*
— Deuxième Essai.
— *Nouvelle monadologie.*
Wundt. — *Ethique.*
Morale sociale, conférences de 1899, chez Alcan, Paris.
Questions de morale, conférences de 1900, chez Alcan, Paris.
Essai d'une philosophie de la solidarité, chez Alcan, Paris, 1902.
Berthelot. — *Revue scientifique*, 7 décembre 1901, Science et morale.

Rauh. — Cours professés à la Faculté des lettres de Toulouse.

Marion. — *Solidarité morale*, chez Alcan, Paris, 6e édit., 1897.

Bernès. — Sociologie et morale, *Revue internationale de sociologie*, nos de juillet, août, septembre, octobre novembre (1896).

Durkheim. — *Division du travail*, 2e édition, 1901.

— Cours professés à la Faculté des lettres de Bordeaux.

Congrès international de l'éducation sociale, chez Alcan, Paris, 1901.

Tarde. — *L'opposition universelle*, pp. 327-329, Paris, chez Alcan, 1897.

Fouillée. — *La France au point de vue moral*, 1900, Paris.

Belot. — *Revue de métaphysique et morale*, juillet 1894.

— *Revue philosophique*, passim.

Lalande. — *La dissolution opposée à l'évolution*, chez Alcan, Paris, 1899.

Andler. — *Op. cit.*, p. II.

Paul Desjardins. — *Le devoir présent*, chez Colin, Paris.

Boutroux. — Conférence publiée dans *Philosophie de la solidarité*.

— *Revue des cours et conférences*.

— Articles parus dans la *Grande revue encyclopédique*.

Sanz y Escartino. — *L'individu et la réforme sociale*, Alcan, Paris.

Alexis de Tocqueville (*Souvenirs*), Paris, 1893.

Izoulet. — *La cité moderne*, Paris, Alcan, 6e édition, 1901.

Benoit Malon. — *Le socialisme intégral*, Paris, 1889.

— *La morale sociale*, Paris, 1895.

Lapie. — *La justice par l'État*, Paris, 1899.

Goblot. — *Justice et liberté*, Paris, 1902.

Yves Guyot. — *Morale de la concurrence*, Paris, 1896.

Merlino. — *Formes et essence du socialisme*, Paris, 1898.

Taine. — *Origines de la France contemporaine.*
Michelet. — *Histoire de France.*
Sully-Prudhomme. — *Poésies.*
Elie Halévy. — *La formation du radicalisme philosophique*, Paris, 1901, 2 vol. parus.
B. Kidd. — *Évolution sociale*, Paris, Guillaumin, 1896.
Darlu. — *Revue de métaphysique et de morale*, janvier 1897, La solidarité.
Ziegler. — *La question sociale est une question morale*, Paris, chez Alcan.
Jules Simon. — *Liberté civile*, p. 231.
Benjamin Constant. — *Œuvres politiques*, Ed. Louandre.
Laboulaye. — *Le parti libéral.*
Brunetière. — Conférences et brochures.
Duprat. — *La morale* (bibliothèque scientifique), 1900.
Simmel. — *Revue de métaphysique et morale*, Pensée théorique et intérêts pratiques, mars 1896.
— *Année sociologique.*
Revue de Paris, mars 1898, Jules Simon par M. Liard.
Cournot. — *Considérations sur la marche des idées et des événements dans les temps modernes.*

Sonchet

LIVRE PREMIER

Partie économique

I. *Liberté collective, liberté isolée et liberté solidaire ou Jaurès, Leroy-Beaulieu et Deschanel.*

EXPOSÉ ET CRITIQUE

PRÉLIMINAIRES

LA CRISE DE LA LIBERTÉ ÉCONOMIQUE ET LA POSITION
DU PROBLÈME

Au moment présent, et spécialement en France, la liberté économique subit une crise. Les ouvriers se plaignent de l'insuffisance des salaires, de la prolongation du chômage, de l'omnipotence des patrons. Les patrons à leur tour gémissent sur la baisse des produits, la stagnation des affaires, la tyrannie syndicale. Ce choc des intérêts en conflit, se manifeste par la fréquence et l'acharnement des grèves.

De 1890 à 1899, les grèves ont fait perdre à la France la valeur de 15.021.841 journées de travail (1). Plus récemment, une grève très importante faillit ravir à Marseille au profit de Gênes la suprématie commerciale dans la Méditerranée. Trop souvent, la grève entraîne après elle le désordre dans la rue et l'effusion du sang. Les scènes violentes dont les villes de Fourmies et de Châlon-sur-Saône furent le théâtre sont encore présentes à tous les esprits. Enfin tous les jours devient plus inquiétante la perspective d'une grève générale (2) Il est visible en effet que plusieurs meneurs influents pourront le jour où ils le voudront, suspendre pendant des mois entiers la vie industrielle de la France et, malgré les mesures de précaution qui ont été prises ou qui pourront l'être, atteindre indirectement l'œuvre de notre défense nationale.

Ce malaise tout le monde le voit et désire le supprimer. Mais l'entente n'a pu jusqu'à présent se faire

---

1. Statistique des grèves et des recours à la conciliation et à l'arbitrage survenus pendant l'année 1899, p. 15 et 16 (tableau des grèves de 1890 à 1899), 1900.

2. Nous avons eu l'année dernière une grève générale des mineurs. « Elle est, disait à la tribune M. le Président du Conseil Combes, des plus inquiétantes ». Mais une grève embrassant simultanément tous les corps de métiers le serait bien davantage.

sur les moyens qui permettraient d'améliorer la situation. Libéraux, socialistes et progressistes conçoivent en effet d'une façon différente la liberté économique. Cette divergence de vues se manifestait déjà, à un degré moindre cependant, à l'occasion des réformes introduites depuis peu dans l'organisation du travail. Les libéraux intransigeants ont éprouvé, il est vrai, de grandes répugnances pour des mesures qu'ils considèrent comme des restrictions à la liberté des contractants (1). Cependant la réglementation du travail des femmes, des enfants ou du travail de nuit, et les diverses lois sur les accidents du travail, la conciliation et l'arbitrage facultatifs n'ont point rencontré dans leur principe une bien vive opposition. Les droits de se syndiquer, de se mettre en grève, de choisir sa profession ont été reconnus par tous comme légitimes, et le débat devant les chambres n'a guère porté que sur les limites de l'exercice de ce droit. Aussi le véritable objet du litige entre socialistes et individualistes n'est point là. Il réside dans la détermination des conditions inhérentes à tout contrat de travail. C'est sur ce terrain que socialistes, libéraux, et progressistes ont pris nettement position. Ils se sont fait de la liberté économique trois conceptions différentes que nous allons exposer.

1. Leroy-Beaulieu, *Travail des femmes au XIXe siècle*, pp. 196, 197, 198.

Auparavant il s'agit de poser nettement notre problème.

Ce serait restreindre arbitrairement la question que de considérer l'arbitrage obligatoire comme l'unique moyen de conjurer la crise. Cet arbitrage peut revêtir des formes bien diverses et il faudra toujours se demander quelle part sera laissée par l'arbitre à l'initiative des parties. Aussi préférons-nous aborder le problème de la liberté du travailleur directement et dans toute sa complexité.

Pour ce même motif nous ne chercherons pas seulement dans les formes actuelles de l'association professionnelle (coopératives de production, de consommation, de crédit, syndicats, etc.) avec le remède au malaise actuel la solution du problème social tout entier. La difficulté revient en effet sous une autre forme : quels pouvoirs de réglementation doivent être accordés à ces coopératives ou à ces syndicats? Quelle sera la limite entre l'initiative du travailleur d'une part, la puissance de réglementation de l'association et de l'Etat de l'autre? (1)

La question de la liberté économique se pose ainsi à nos yeux : (2)

1. Cf. J. Barberet, *Le travail en France, Monographies professionnelles*, 7 vol.; voir aussi les deux volumes publiés par l'Office du Travail sur les associations professionnelles.

2. Consulter à ce propos : Hubert-Valleroux, *Le contrat du travail*; Stocquart, *Le contrat du travail*; Fabreguettes,

1º *Pour l'ouvrier.* — A quelles conditions le salarié sera-t-il pleinement libre dans son contrat de « louage de services » et comment peut-il atteindre l'idéal de liberté économique? Cet idéal consiste-t-il dans le choix du métier et du patron, la possibilité de trouver de l'ouvrage, la rémunération suffisante, la consommation faite à sa guise, le suffrage social ou l'association permanente pour la défense des intérêts professionnels, enfin la faculté de sécession?

2º *Pour le patron.* — Peut-il garder sa supériorité économique ? En d'autres termes, l'égalité morale des contractants entraîne-t-elle la disparition des inégalités naturelles et de celles fondées sur le mérite du patron ou de ses ancêtres. Par conséquent, ce patron peut-il choisir ses ouvriers, les rétribuer sous la forme du salaire, les renvoyer s'ils s'acquittent mal de leur tâche, ne pas les reprendre s'ils quittent le chantier, fermer son atelier s'ils se mettent en grève?

Tels sont les principaux aspects de la liberté économique du patron.

Contrat du travail ; Rambaud, *Économie politique*, p. 72, Définition de la liberté du travail ; Andler, *Origines du socialisme d'État en Allemagne*, Introduction, p. 10.

CHAPITRE PREMIER

JAURÈS, OU CONCEPTION DE LA LIBERTÉ COLLECTIVE

Dans la société présente : liberté et propriété ; liberté du travailleur dans son contrat.
Dans la phase de transition : mesures coercitives.
Dans la société collectiviste de l'avenir : Directeurs et dirigés sont des travailleurs. — *Libertés du travailleur :* 1º choisir son métier et son atelier ; 2° avoir un emploi assuré ; 3º percevoir le produit intégral du travail ; 4° consommer à sa guise ; 5° suffrage social pour le choix des directeurs, des membres du Conseil supérieur, des chefs d'État.
Ainsi l'égalité naturelle des contractants coïncidera avec leur égalité morale.

Le mot liberté est pris en des sens bien divers en psychologie, en métaphysique, en morale. Faut-il s'étonner qu'en économie sociale ce même mot traduise au moins trois conceptions différentes ?

Il est pris par les socialistes, notamment par Jaurès (1), Deville, Vaillant, dans le sens hégélien de pleine jouissance qui résulterait pour chacun de nous de l'avènement de la justice sociale (2). Aux yeux des collectivistes, pour être libre il faut être propriétaire ; bien plus, il faut déployer pleinement toutes les puissances de son individualité. Il est facile de prouver ces affirmations.

Vaillant, à la séance de la Chambre du 20 novembre 1894, définissait la liberté sociale : « la puissance sociale et la liberté individuelle développées d'une façon complète et solidaire ». Et il ajoutait : « la liberté individuelle la plus complète et pour tous sera le fait de la solidarité sociale et du régime socialiste ou communiste...., car la société, loin d'enrayer les facultés individuelles, doit les porter à leur maximum de développement » (3).

Gabriel Deville disait de même : « Pensant comme M. Deschanel (p. 1940, col. 1) que l'idée de propriété

---

1. Jaurès, *De primis socialismi Germanici lineamentis*, pp. 2, 23, 46, et surtout pp. 58, 62 ; voir aussi sur la conception hégélienne de la liberté : Andler, *Les origines du socialisme d'État en Allemagne*, pp. 20, 27, 28, 33 et *passim*.

2. Andler, *op. cit*, p. 467 : « La liberté individuelle ne peut fleurir qu'à l'intérieur de la société juste » ; voir aussi pp. 227, 477 et 466 : « Cette liberté est sans doute une souveraineté de l'individu sur les choses matérielles, comme l'avait dit Hégel ».

3. *Journal Officiel*, séance du 20 novembre 1894, p. 1931, 2ᵉ colonne.

et l'idée de liberté marchent ensemble, nous affirmons qu'il n'y a pas — et cela défie toute contradiction — de liberté individuelle complète pour celui que la privation complète de moyens d'existence oblige à se louer ou à se vendre. Il n'y a pas de liberté individuelle pour celui qui, ne possédant que sa force musculaire ou cérébrale sans les moyens de l'utiliser productivement, dépend nécessairement du détenteur de ces moyens.

Pour que chacun jouisse véritablement de ces droits de liberté et de propriété, qui, d'après la déclaration si souvent invoquée, appartiennent à chaque homme, il faut que chacun ait à sa disposition les moyens de travail » (1). Ainsi, selon M. Deville, le collectivisme ou socialisation de ces moyens de travail s'impose comme une conséquence nécessaire de la conception socialiste de la liberté.

Nous allons retrouver dans un article de Jaurès cette même notion entraînant la même conséquence. La liberté vraie exclut toute oppression. Elle sera donc basée sur des conditions réelles d'égalité. Jaurès déclare que la « liberté complète est inséparable de la propriété (2), et que l'une ne peut exister sans l'autre.

Mais il ne se contente point de définir cette notion. Il nous la fait voir dans une page magnifique, domi-

1. *Journal Officiel*, 6 nov. 1897, p. 2321, col. 3.
2. *Revue de Paris*, 1er décembre 1898, Socialisme et liberté, p. 487.

nant la multitude ouvrière qu'il compare à une poussière tournant au-dessous d'elle et retombant bientôt sans avoir pu atteindre la région sereine (1). Il fait plus encore, et contre l'oppression exhale sa plainte profonde :

« En fait, s'écrie-t-il, dans l'introduction à la morale sociale de Benoît Malon, les victoires du capital n'ont rien d'humain, puisqu'elles font de la puissance de la liberté vraie le privilège de quelques-uns. L'homme ne vaut plus par lui-même, par sa faculté d'aimer, de souffrir, de penser : il vaut par la puissance extérieure dont le revêt le capital. Et sans cette puissance il ne vaut pas : il n'a pas droit au plein et libre développement de ses énergies. Au fond du capitalisme, il y a la négation de l'homme » (2).

La conséquence logique de cette conception de la liberté c'est l'adhésion au socialisme. En effet, si les mots de propriété et de liberté sont synonymes en réalité comme sous la plume de Jaurès, il y a en France autant d'opprimés que de travailleurs sans domaine, et cependant les journaliers agricoles ainsi que les ouvriers des villes, avec leur faible salaire que réduisent encore la croissance du chômage et la cherté

---

1. *Revue de Paris*, 1ᵉʳ décembre 1894, Socialisme et liberté, pp. 485 et 486.
2. Benoît Malon, *La morale sociale*, Introduction de Jaurès, p. X.

de la vie, ne peuvent guère songer à conquérir un morceau de propriété (1).

Liberté du travailleur dans son contrat. — Pour la caractériser nettement, il convient d'aborder la critique la plus pénétrante qui ait été faite de l'organisation actuelle, et plus spécialement du contrat du travail.

Lorsqu'il est question dans la société présente de liberté de travail, il ne s'agit point de celle du patron ou du capitaliste qui doit disparaître comme un rouage nuisible. Aussi Jaurès excuse-t-il très facilement les violences de l'ouvrier à son égard. Elles sont la conséquence de la lutte des classes et des blessures qu'elle occasionne.

Seule la liberté du travailleur est intéressante pour les socialistes. L'ouvrier est-il libre dans la formation du contrat de louage de services? S'il ne l'est pas, il sera prouvé une fois de plus que le régime capitaliste doit faire place au collectivisme.

Mais laissons la parole à Jaurès qui, dans un récent discours prononcé à Rochefort, a développé à merveille la pensée des socialistes français. Tout le passage doit être cité malgré sa longueur car il est vraiment remarquable : « Il y a eu des hommes qui ont dit :

1. *Journal Officiel*, séance du 19 juin 1897, p. 1591, col. 1.

Il est impossible de rêver une société meilleure » et il se trouve que c'était les esclaves qui proclamaient la nécessité de l'esclavage. Et aujourd'hui encore il y a des salariés qui haussent les épaules quand le socialisme leur dit : relevez-vous, portez la démocratie et brisez le servage, elle brisera le salariat. Et en effet, deux grands faits, deux grandes choses doivent frapper aujourd'hui tous les esprits un peu attentifs, le premier c'est que par la constitution même de la propriété actuelle toute la société est divisée de plus en plus en deux grandes classes d'intérêts opposés. D'un côté il y a la classe de ceux qui possèdent les grands moyens de production, les grands moyens de travail ; de l'autre il y a la classe de ceux qui ne possèdent guère que leurs bras, qui ne possèdent guère que leur force de travail, la force de leurs muscles fatigués. Et ces hommes, qu'ils soient ouvriers ou paysans, ne peuvent employer leurs bras, leur force de travail, que dans des conditions déterminées, imposées par ceux qui détiennent les grands moyens de produire. C'est ainsi que dans l'ordre industriel non seulement les ouvriers sont obligés de laisser prélever sur le produit de leur travail de quoi servir les dividendes d'actionnaires souvent oisifs, mais que le prolétaire n'est engagé que pour les conditions fixées par eux, il est engagé comme il leur plaît.

Et comme entre tous ces capitalistes il se produit sous la loi de la concurrence une guerre sans fin, comme ils cherchent à s'élever les uns sur les autres, comme les gros dévorent toujours les petits et les moyens, comme de grands établissements à grands établissements c'est la guerre, comme les petits artisans disparaissent éliminés par la machine, il y a des crises incessantes, il y a des crises de chômage ; le prolétaire étant épuisé jusqu'à la dernière goutte de sueur, on le jettera à la rue épuisé jusqu'à ce que le capital le ramasse de nouveau » (1).

De ce violent réquisitoire contre la société actuelle, je voudrais souligner les affirmations essentielles. Nous sommes en effet ici pleinement dans notre sujet : la liberté du travail. Jaurès ne s'en tient pas à une critique acerbe de l'organisation actuelle, critique facile et toujours applaudie par les foules. Il ne lui suffit pas de nous montrer l'ouvrier des villes ou des champs engageant dans des conditions désavantageuses la lutte contre les riches. Ce n'est point assez pour lui de dénoncer la misère qu'entraîne pour les prolétaires une concurrence excessive. Il faut s'attaquer au régime du laisser faire comme à la source de tout le mal ; il faut déclarer que « le salariat est une exploitation de l'homme par l'homme », il faut (sans tenir compte des situations acquises et du droit social d'un peuple) poser en dogme l'égalité réelle des contractants.

1. Discours, 23 juin 1901 (texte sténographié) reproduit par le journal le *Rochefortais*.

Le leader socialiste s'attaque à tout instant à la supériorité économique. Elle devient à ses yeux une survivance de l'ancien régime.

Comment la Révolution française, qui à tout jamais abolit selon lui le privilège politique, a-t-elle laissé subsister une supériorité économique ? Voilà le grave reproche de Jaurès aux grands ancêtres de 89 et de 93. C'est au profit de la classe bourgeoise et des paysans aisés que s'est fait le partage des biens du clergé ou des émigrés. Mais le quatrième Etat n'a point eu encore son avènement.

Ecoutons à ce propos les plaintes de Jaurès : « Dans la forme de société qui a précédé la nôtre, il y avait au moins concordance entre les idées et les faits, entre les choses et les mots ; il y avait une hiérarchie sociale comme il y avait une hiérarchie religieuse correspondante » (1). Cependant, une contradiction révoltante le frappe. Souverain dans l'ordre politique, le salarié dans le monde industriel devient un véritable serf sans garantie aucune. « Son travail n'est plus qu'une marchandise que les détenteurs du capital acceptent ou refusent à leur gré » (2), et Jaurès ajoute : « Aujourd'hui, le capital, le grand capital prélève sur la classe ouvrière une large part du produit du travail, il réduit

---

1. *Journal Officiel*, séance du 11 février 1895, p. 275, col. 3.

2. *Journal Officiel*, séance du 21 novembre 1893, p. 82 ; cf. aussi Le Manifeste du Congrès de Tours.

je ne dis pas au plus bas — je ne prétends pas que la loi d'airain soit d'une rigueur inflexible — mais il réduit à un niveau très bas la puissance de consommation de la classe ouvrière » (1).

S'agit-il du mineur, Jaurès nous le montre les traits noircis, le teint pâle, peinant pour arracher sa richesse à une nature qui l'écrase. S'agit-il du paysan, il s'écrie avec éloquence : « Ah ! oui, il y a quelque part un écrit, un titre qui constate que ce paysan est le propriétaire de cette partie de la terre de France, mais sur cette partie de la terre de France dont le paysan est le propriétaire nominal, pèse d'abord ce fardeau de l'hypothèque qui va s'aggravant tous les ans, puis ce fardeau de l'impôt, puis ce prélèvement usuraire des grandes industries capitalistes qui retiennent pour elles-mêmes le meilleur du produit du travail du paysan. Oui ! à ces paysans que, par je ne sais quelle dérision, on appelle encore des propriétaires, on laisse à ronger les os de la vieille terre, mais ce sont les capitalistes qui prennent toute la substance, toute la moelle, tout le profit. Il ne reste plus que la charge pour les paysans de France ; c'est là ce que vous appelez encore la propriété » (2).

Après cette longue analyse des conditions actuelles

1. *Journal Officiel*, séance du 26 juin 1897, p. 1690, col. 3.
2. *Journal Officiel*, séance du 26 juin 1897, p. 1698, col. 1.

du travail, cette conclusion se dégage d'elle-même : aux yeux des socialistes, il n'y a plus pour l'ouvrier de liberté du travail parce que trop souvent le contrat de louage de services est annulé par la violence faite à cet ouvrier. M. Chailley-Bert, dans un article des *Débats*, a très bien rendu sur ce point la pensée de Jaurès. Nous ne saurions mieux dire : « Ce contrat, nous dit-il, les socialistes qui connaissent à fond les pires sentiments qui s'agitent au cœur de l'homme et qui les exploitent, ont su depuis longtemps lui persuader (à l'ouvrier) qu'il ne l'avait pas librement conclu. Ils lui ont insinué que dans tout contrat entre patrons et ouvriers, une seule partie est libre, le patron ; l'autre partie, l'ouvrier, ne discute pas, n'accepte pas, elle subit ; partant, l'accord des volontés n'aurait pu librement s'établir, le contrat serait vicié dès l'origine. Et il n'est guère de patron qui, demandant à un ouvrier si ce sont bien là les conditions qu'il avait acceptées, n'ait reçu cette réponse : « Je les ai acceptées, mais vous savez bien que je ne pouvais pas faire autrement ». Cette réponse, c'est tout l'ouvrier moderne, j'entends l'ouvrier de la grande industrie. On a à ce point oblitéré sa conception de la société, qu'il considère le patron souvent comme un fourbe et un voleur, toujours comme un ennemi. Dans la lutte industrielle, le vainqueur (le patron) abuse de sa richesse, de sa force, il impose au vaincu (l'ouvrier) des conditions que le vaincu subit mais qu'il se réserve de répudier aussitôt qu'il pourra. De là le mépris de tout traité, la rupture imprévue de tout contrat ; de là la grève, de là les violences » (1).

Phase de transition, mesures coercitives. — Le mal social appelle son remède, le collectivisme. Il ne faut point en effet, d'après Jaurès, prendre au sérieux les réformes de nos radicaux ou socialistes d'Etat. Tous veulent atténuer les injustices présentes par la réglementation obligatoire. Ils laissent cependant subsister la source de l'iniquité : le capital. Provisoirement, Jaurès sera l'allié des radicaux et socialistes d'Etat ; il défendra et votera leurs réformes pour hâter l'avènement du collectivisme qui aura lieu selon lui avant 1907 (2). Organisés, groupés, fédérés, les syndicats deviendront une force irrésistible. Peu à peu ils seront considérés comme une pièce normale du grand outillage national, et détiendront une part de la puissance économique. Ils se serviront en effet du droit de posséder et d'acquérir pour acheter des actions sur les

1. Feuilleton du *Journal des Débats* (édition Rose) du jeudi soir 28 mars 1895, 3ᵉ et 4ᵉ colonne.
2. *Journal Officiel* : Dans un article de Cosmopolis, janvier 1898, Jaurès fait une prophétie un peu plus vague : « Nous pouvons prévoir, dit-il, p. 131, le triomphe du socialisme en France dans une dizaine d'années ».
Dans quatre articles de la *Petite République française* parus en mars 1903, il se sépare du réformiste Millerand en ce qu'il veut avec plus de force que son rival, enlever à la propriété « son caractère capitaliste pour lui donner une forme sociale ». Nº du 10 mars 1903.

entreprises industrielles. Sans doute, ce n'est pas dans le principe des coopératives que gît la solution définitive du problème social (1). Mais Jaurès pense que l'usage de la coopération servira d'apprentissage au socialisme. Un jour, par leur développement et leur fédération, les associations libres de coopération n'auront bientôt plus d'autre limite (2) que la nation. Mais avant qu'elles aient pu se fédérer et se rejoindre en un mécanisme central, la classe ouvrière formera, elle, une « unité révolutionnaire » qui transformera, en les adaptant au système communiste, toutes les institutions, tous les organes de la vie économique » (3).

Ainsi le socialisme deviendra bientôt une force organisée qui légalement, par le droit de suffrage, ou violemment dans un moment de révolte sociale, emportera de haute lutte la position capitaliste.

Société future. Liberté du travailleur de l'avenir. — Ici trouve sa place la définition du socialisme français. Il consiste, selon Jaurès, dans « l'organisation sociale de la production et de l'échange » (4). « Le collecti-

1. *Revue de Paris,* 1ᵉʳ décembre 1898, Socialisation et liberté, p. 490.

2. *Journal Officiel,* séance du 27 octobre 1894, p. 1700, col. 1.

3. *Revue de Paris,* 1ᵉʳ décembre 1898, Socialisme et liberté p. 491 ; *Petite République,* 24 février 1903.

4. *Journal Officiel,* séance du 17 février 1894, p. 257, col. 3 et séance du 26 juin 1897, p. 1689.

visme, formule suprême du socialisme, est la substitution de la nation, de la collectivité sociale aux individus dans la propriété des moyens de production » (1). C'est encore, nous dit-il, la répartition de la puissance économique entre la nation une et centralisée, d'une part, et les associations professionnelles de travailleurs, d'autre part (2).

Quelle forme prendra l'idéal de liberté économique dans l'organisation collectiviste?

Cette organisation, Jaurès hésite à la formuler. Il craint, nous dit-il, en la précisant, de l'exposer davantage aux coups des adversaires. Lorsque après avoir réfléchi sur un sujet on s'est fait une opinion, il en coûte de la modifier, et il semble qu'en présence de pensées contradictoires on ressent, selon le mot de Montaigne « une peur instinctive de ne pas dire vrai ». Mais cette peur, les hommes loyaux la surmontent parce qu'ils vont à la vérité « de toute leur âme ».

Jaurès, dans un de ses meilleurs articles, nous montre qu'il est du nombre de ces esprits impartiaux. Si la liberté ne peut subsister dans la société collectiviste, il est prêt à renoncer à ses idées les plus chères, à devenir le plus ardent défenseur de l'ordre actuel, et même de l'état sauvage. C'est aller beaucoup plus

1. *Revue socialiste*, n° de mars 1895, p. 262.
2. *Petite République française*, n° du 24 février 1903, Economie sociale.

loin que les libéraux les plus orthodoxes ne le demandent (1).

Il y aura donc, nous dit Jaurès, dans la société future des directeurs de travail et des dirigés. Mais les uns et les autres seront des travailleurs libres, de véritables frères. Les directeurs n'auront point sur les ouvriers de supériorité économique. Ils seront choisis par les membres des différents corps de métier. Leur autorité, ils la tiendront de la collectivité qui pourra la leur reprendre ou la leur confirmer selon l'emploi qu'ils en auront fait. Et comme la collectivité sera intéressée à être bien dirigée, elle appellera aux fonctions les plus élevées l'élite des travailleurs (2). Il disparaîtra ce personnage sans opinion et sans entrailles à la solde d'une dynastie, d'une famille, d'une oligarchie parlementaire, ou de la tyrannie d'un seul. Le fonctionnaire nouveau appartiendra à une France libre et maîtresse de soi. Il sera l'homme de la nation tout entière : « Le jour où toutes les formes de l'acti-

1. *Revue socialiste*, avril 1895, Organisation socialiste, II, p. 408.

2. *Revue socialiste*, avril 1895, Organisation socialiste, II, p. 408 et *passim* ; *Petite République française*, n° du 24 février 1903 : « La coopération recevra donc nécessairement l'empreinte de l'État démocratique et prolétarien sous lequel elle se développera, et elle s'accordera aisément à cet État lui-même, qu'elle préservera de toute rigidité bureaucratique, et dont elle réalisera sous des formes flexibles la tendance universelle à l'égalité et à l'harmonie ».

vité humaine seraient, en quelque mesure, sociales et nationales, le jour où le filateur remplirait un office public comme le percepteur, la barrière tomberait : il y aurait entre toutes les fonctions libre passage, libre et incessante circulation ; les aptitudes changeantes ou incertaines des hommes ne seraient pas figées et immobilisées dès la première heure par la fonction choisie d'abord par eux ; les activités seraient perpétuellement en éveil, et même les poussées de sève tardive pourraient s'ouvrir de nouveaux canaux et éclater en floraisons imprévues » (1).

La première liberté à garantir au travailleur est celle du choix de son métier. Il faut qu'il puisse travailler où il veut et se retirer quand il lui plaît. S'il préfère le petit atelier à l'usine, il pourra s'y réfugier. La concentration matérielle de tous les moyens de production ne s'impose pas pour toutes les professions, et elle s'imposera de moins en moins, grâce aux perfectionnements de l'industrie. Le transport de la force à distance permettra de donner aux travailleurs qui ne peuvent s'habituer à la vie de l'usine l'atmosphère paisible qu'ils réclament (2).

Il y aurait sans doute dans la société future comme

1. *Revue socialiste*, avril 1895, Organisation socialiste, ch. II, p. 407.
2. *Revue socialiste*, août 1895, Organisation socialiste, ch. IV, pp. 159 et 160 ; *Revue socialiste*, mars 1895, Organisation socialiste, ch. I, pp. 263 et 264.

dans la nôtre certains métiers répugnants. Mais il en est que ces besognes n'épouvantent pas, et si parfois les balayeurs publics ou les fossoyeurs devenaient trop rares, une rémunération plus élevée amènerait bientôt des demandes de travail assez nombreuses (1).

Il y a aussi des professions, celles de médecin, d'avocat, par exemple, qui demandent un long apprentissage. Mais le recrutement pour ces fonctions délicates serait favorisé par une élévation des honoraires qui permettrait de récompenser les longs efforts que nécessite l'exercice des professions libérales (2).

La deuxième liberté du travailleur serait la faculté d'avoir une *occupation assurée*. Nous n'assisterions plus à ce spectacle étrange d'ouvriers pleins de bonne volonté, et dont les bras restent inertes faute d'ouvrage. Le Conseil supérieur du travail calculerait les travaux à effectuer dans les diverses industries. De la sorte il n'y aurait plus surproduction pour certains articles, pénurie pour d'autres. L'organisation du travail assurerait la mise en valeur des énergies vitales ; les initiatives individuelles seraient stimulées par des

1. *Revue socialiste*, août 1895, Organisation socialiste, p. 131.
2. *Revue socialiste*, août 1895, Organisation socialiste, p. 143.

primes supplémentaires qui s'ajouteraient au bon de travail accordé à tous les ouvriers (1).

La troisième liberté du travailleur consisterait dans l'obtention du produit intégral de son effort. La suppression du bénéfice, de la rente et de l'intérêt capitaliste au profit de tous élèverait le taux de la rémunération (2). L'effort dépensé par l'ouvrier lui reviendrait sous la forme de bons de consommation. Il deviendrait alors un véritable propriétaire dans le vrai sens du mot. La collectivité ne socialiserait les moyens de production que pour les déléguer aux travailleurs en maintenant les droits et la liberté de tous (3). Ces travailleurs seraient vraiment copropriétaires, codirecteurs, en un mot souverains de la production nationale. C'est ainsi que le socialisme agrandirait cette individualité du travailleur que proclama la Révolution française. « Toujours l'individu pourra tendre à plus de force, à plus de pensée, à plus d'amour aussi. Précisément parce qu'il sera débarrassé de toute contrainte et de toute exploitation, il songera sans cesse à se développer, à se haus-

1. *Revue socialiste*, août 1895, Organisation socialiste, p. 140, 141 et p. 134 sur les primes.
2. *Revue socialiste*, août 1895, ch. IV, p. 154 et 155.
3. *Dépêche* du 3 octobre 1893, article : Propriété individuelle et collectivisme ; voir aussi *Revue de Paris*, 1er avril 1898, Vues politiques, p. 563.

ser, à mettre en valeur toutes ses énergies » (1).

Une conséquence de la liberté du producteur sera la liberté dans la jouissance ou la consommation. Le producteur pourra transmettre à ses enfants les bons de travail par lui épargnés. Il pourra en disposer à sa guise, « acheter ou louer ce qu'il voudra, de beaux appartements, des chevaux, des fleurs » (2). M. Jaurès paraît être sur ce point spécial de la vente en désaccord avec M. Deville qui disait à la Chambre, pendant la séance du 13 novembre 1897, que la vente n'aurait plus de raison d'être sous le régime collectiviste (3). Mais le désaccord est plus apparent que réel. Il s'agit, aux yeux de M. Deville, de la vente telle qu'elle se fait aujourd'hui, c'est-à-dire de l'échange d'une propriété mobilière ou immobilière contre une valeur offerte.

Dans la société socialiste, nous aurons l'équivalent de la vente, c'est-à-dire l'échange de la jouissance de telle propriété sociale contre une valeur offerte sous la forme de bons de travail. Cet échange deviendra une opération légale qui rendra impossibles les pertes et les bénéfices excessifs du vendeur. Et la liberté de la vente se traduira pour l'acheteur

1. *Revue de Paris*, 1er décembre 1898, Socialisme et liberté, pp. 486 et 507.
2. *Revue socialiste*, mars 1895, p. 263.
3. *Journal Officiel*, p. 2422, col. 3, séance du 13 novembre 1897.

par une sécurité plus grande. Il aura d'ailleurs comme aujourd'hui la faculté de susciter par sa demande la production des articles. Il jouira même plus qu'aujourd'hui, parce qu'il sera plus riche.

La garantie de la liberté des producteurs et des consommateurs, c'est le suffrage social. Le travailleur lui-même élira ses directeurs ; il en mettra d'autres à leur place s'ils ne remplissent pas bien leur mandat (1). En même temps que le travailleur triomphera par son suffrage de la tyrannie des directeurs, par son droit de sortie il rendra impossible la tyrannie des groupes.

Si d'ailleurs le groupement menaçait de former un Etat dans l'Etat, le Conseil directeur du travail (2) d'une part, et au-dessus de ce Conseil, la nation saurait bien avoir raison de ses velléités de résistance. La Direction du travail ne serait pas seulement l'organisatrice de la production nationale, elle jouerait le rôle d'institution pondératrice, et son action s'exercerait sur les divers groupes soit pour juger les différends qui pourraient s'élever entr'eux ou bien entre les directeurs et les dirigés, soit pour empêcher la substitution des monopoles corporatifs aux monopoles capitalistes. Le Conseil supérieur serait ainsi tout à la fois le

1. *Revue socialiste*, août 1895, pp. 136, 137, 142, 144, 145, 146 et *passim*.

2. *Revue socialiste*, août 1895, Organisation socialiste, pp. 136, 138, 143 et 158.

défenseur de l'autonomie des groupements et de la liberté des unités économiques.

Enfin au-dessus de lui règne la nation, incarnée dans son gouvernement, l'Etat (1). Il ne faut pas s'imaginer celui-ci comme un vaste patron qui prendrait à sa charge l'exploitation de tous les moyens de production. Il sera, nous dit Jaurès, le défenseur et le garant de toutes les libertés. Mais le leader socialiste ne peut encore nous expliquer comment il s'y prendra pour atteindre ce but.

« Quels seront, nous dit-il, dans la communauté sociale, les rapports exacts des groupements locaux et de la puissance centrale? Il est impossible de les préciser d'avance et ils seront sans doute infiniment complexes et changeants. Mais ce qui est sûr, c'est que l'organisation centrale ne pourra avoir ni tentation ni moyen de contrainte.... Où donc le pouvoir central trouverait-il des moyens d'oppression et dans quel intérêt opprimerait-il ? Il n'aura d'autre force que celle des groupes et ceux-ci n'auront d'autre force que celle des individus » (2).

Après avoir exposé dans toute son ampleur la conception collectiviste de la liberté en économie sociale, nous pouvons maintenant conclure :

1. *Revue de Paris*, article cité, p. 516 et *Revue socialiste*, août 1895, p. 138, juin 1895 (l'État socialiste et l'État patron), pp. 642 et 646.

2. *Revue de Paris*, article cité, p. 516.

1° *Dans la société présente,* l'ouvrier n'est pas libre selon les collectivistes de choisir son métier et sa tâche, d'avoir du travail et un salaire assurés, de devenir propriétaire, parce qu'il est violenté dans la formation du contrat de louage de services. En revanche le patron a tous les droits, ou du moins il les prend. Aussi est-il condamné à disparaître.

2° *Dans la phase de transition,* la liberté de l'ouvrier apparaîtra, tandis que celle du patron disparaîtra à la suite des mesures de coercition prises contre lui par les syndicats ouvriers devenus omnipotents.

3° Dans la société collectiviste, la lutte cessera faute de combattants. Le patron et le salarié auront en effet disparu. Il n'y aura plus que des travailleurs rivalisant de vaillance et de générosité. Aussi complétera-t-on la Déclaration des droits de l'homme et du citoyen en y insérant les libertés du travailleur. Dans la société future, tout travailleur pourra (selon Jaurès) choisir son métier et en changer — trouver une occupation assurée et devenir ainsi propriétaire d'un moyen certain d'existence — jouir du produit intégral de son effort — consommer à sa guise grâce à ses bons de travail — enfin déployer pleinement toutes les énergies de son individualité de telle sorte qu'il ne soit plus seulement moralement, mais devienne en bien-être l'égal de ses co-associés.

Voilà dans sa complexité le concept de liberté socialiste.

En présence de promesses aussi séduisantes, ne devons-nous pas faire nôtre le mot de Bossuet à propos de Malebranche : « Tout cela est très beau, très nouveau, très faux ? » Leroy-Beaulieu et Deschanel n'hésitent pas à se prononcer en ce sens. Après avoir exposé leur conception, nous nous poserons à nous-même cette question, et nous essaierons d'y répondre.

CHAPITRE II

CONCEPTIONS LIBÉRALES DE LA LIBERTÉ ÉCONOMIQUE

Ce qui caractérise toutes les conceptions libérales d'économie sociale c'est le rôle prépondérant de l'initiative privée. Il ne faut point attendre le salut de l'Etat mais du producteur lui-même. Nous devons espérer surtout dans le déploiement de son énergie, l'intérêt immédiat qu'il prend à son effort. Pour donner au producteur (ouvrier ou patron) toute sa liberté, il faut selon Leroy-Beaulieu, l'affranchir des violences abusives des autres producteurs, des divers groupements ou de l'Etat dont il fait partie (1). Mais, d'après Deschanel, la répression des abus ne suffit pas pour atteindre ce même but. Dans sa tâche quotidienne le producteur doit se sentir soutenu par l'association et l'Etat. Il aura les mains libres sans être un isolé (2).

1. Leroy-Beaulieu, *Économie politique*, t. II, p. 507 ; t. IV, pp. 675, 697, 698, 699.
2. Deschanel, *Journal Officiel*, séance du 9 mai 1891;

Il y a une seconde manière de distinguer les deux conceptions libérales. Leroy-Beaulieu n'admet pas le droit à l'existence. Il voit dans le louage de services un contrat comme les autres et dans l'offre de travail une marchandise comme les autres. Deschanel limite le domaine de la liberté économique par celui de l'équité (1). Il considère le contrat de louage de services comme privilégié et le travail lui-même comme une marchandise qui doit se vendre, puisqu'il est le seul moyen laissé au travailleur de renouveler ses forces (2).

Il serait possible de trouver une troisième différence entre Leroy-Beaulieu et Deschanel à propos de la conception des lois économiques. Éternelles et fatales pour Leroy-Beaulieu, ces lois sont contingentes pour Deschanel bien qu'elles renferment des rapports constants qui se retrouveront sous une forme nouvelle dans les sociétés de l'avenir. La conception de Deschanel diffère du socialisme d'État en ce qu'elle ne demande que l'intervention socialement nécessaire (3). Supposez en

---

p. 832 et *République nouvelle*, Discours de Marseille, pp. 196 et 197 ; voir aussi le Discours de Carmaux, 27 décembre 1896, 1re colonne.

1. Deschanel, Discours de Carmaux, col. 1 et *passim*.
2. Deschanel, Discours juin 1896, sur la réglementation du travail.
3. Deschanel fait sienne cette doctrine de Renouvier : « L'intervention de l'État, dit-il, est justifiée partout où elle assure l'exercice de leurs droits à ceux qui n'en jouiraient pas

effet qu'au lieu de restreindre l'intervention aux mesures nécessitées par la justice sociale la plus stricte, vous l'étendiez arbitrairement, avec les meilleures intentions vous ferez du socialisme d'Etat. Vous ferez même du collectivisme si vous l'étendez au point d'organiser toute la production par des délégués nationaux ou internationaux. Collectiviste ou socialiste d'Etat vous avez plus ou moins sacrifié la liberté du travail (1).

Avant de le montrer dans le détail, exposons les deux conceptions libérales.

---

sans elle ». *Question sociale*, Introduction, p. XXIV. « Il s'agit à présent, dit encore Deschanel, de concilier la liberté avec la solidarité, le droit individuel avec le devoir social », *Question sociale*, Introduction, p. XXII.

1. « En somme, a dit Léon Say, les socialistes d'État sont des interventionnistes qui comblent la mesure, placés qu'ils sont entre les libéraux qui ne la remplissent pas, et les socialistes dogmatiques qui la font déborder ». Léon Say, *Les finances de la France sous la troisième République*, t. IV, p. 554.

CHAPITRE III

LEROY-BEAULIEU OU CONCEPTION DE LA LIBERTÉ ISOLÉE

Définition de la liberté. — Réponse à deux objections :
1° liberté et propriété : 2° liberté du contrat.
1° *Dans la société actuelle.* — A. Liberté de l'ouvrier comme contractant : 1° dans la formation du contrat de travail ; 2° dans le fonctionnement et la rupture de ce contrat. — B. Liberté du patron : 1° dans la question du salaire ; 2° pour la participation aux bénéfices ; 3° dans la question de la coopération.
2° *Dans la société future* : 1° la liberté collective c'est la suppression de la liberté du travailleur ; 2° l'avenir est à l'association libre.

Il faut partir comme nous l'avons fait pour M. Jaurés, d'une définition de la liberté.

Nous nous poserons ensuite à propos du patron et de l'ouvrier certaines questions plus importantes qui nous permettront de mettre en lumière l'idéal de liberté économique tel que le conçoivent les continuateurs d'Adam Smith, J.-B. Say, Bastiat, Dunoyer et Léon Say. Leroy-Beaulieu partage en effet leur foi dans l'indépendance personnelle, et dans le déploiement spontané de la puissance économique du producteur. Il pense avec Bastiat que cette puissance produit les plus grands bienfaits à la condition d'être délivrée des obstacles que font naître la ruse et l'abus de la force. Il la définirait volontiers avec Dunoyer : « le pouvoir d'user de la puissance économique la plus grande possible par l'affranchissement des obstacles humains qui la gênent dans son expansion » (1).

La liberté du producteur nous dit Leroy-Beaulieu est au-dessus de tout (2). Elle consiste dans l'indépendance personnelle, la pleine possession de ses forces. Etre libre c'est s'appartenir Celui qui s'appartient se détermine lui-même, dispose de son effort à ses risques et périls mais toujours à sa guise.

Ainsi, le producteur ne sera point violenté, il ne sera pas le serf de ses voisins, de sa corporation, de son Etat. Les lois naturelles gêneront sans doute l'exercice de son activité. Mais puisque nous sommes impuissants à les changer, prenons-en notre parti, et met-

1. Dunoyer, *Liberté du travail*, t. I, p. 34.
2. Leroy-Beaulieu, *Grande économie politique*, t. II, p. 434. Dans un discours au Collège de France reproduit par le *Journal des Economistes*, n° de janvier 1848, Michel Chevalier exprimait cette même opinion : « La liberté, disait-il, est de l'essence de l'industrie humaine », et il ajoutait : « L'industrie est avant tout, l'action de l'esprit humain sur le monde physique. Or l'esprit est essentiellement libre.... ».

tons toute notre confiance en nous-mêmes, en notre vaillance, notre intelligence, notre esprit d'économie. Il dépend de nous d'acquérir par notre travail un salaire ou un bénéfice qui sera pour nous la source de nombreuses jouissances et peut-être nous vaudra une parcelle de propriété.

Liberté et propriété. — Ne confondons point cependant liberté et propriété. La définition que Leroy-Beaulieu donne de la liberté n'aboutit point comme celle de Jaurès à nous rendre efficacement propriétaires : « La propriété, s'écrie-t-il, serait la condition même de la liberté individuelle (1). Autrefois, il pouvait en être ainsi avant l'invention des métiers et la division du travail ; aussi, la propriété fut-elle collective à l'origine. Aujourd'hui, il n'en est plus de même. La terre n'est plus l'instrument unique, indispensable du travail ; il en est mille autres à côté. L'existence de la propriété privée est une des conditions de la liberté pour une nation ; mais pour que chaque individu soit libre il n'est pas nécessaire qu'il se trouve propriétaire effectivement ou même par représentation. Ce sont là des souvenirs classiques inexacts. »

Leroy-Beaulieu nous parle ensuite de l'homme primitif qui n'est pas pleinement assuré du gibier du lendemain. Néanmoins, il reste libre. Ainsi en est-il

1. *Le collectivisme* par Leroy-Beaulieu, 2ᵉ édition, p. 82.

pour le travailleur : « La liberté ne consiste pas dans l'absolue sécurité, dans l'affranchissement de tous les risques; la liberté est dans la faculté qu'a l'homme de déterminer ses propres actes et non pas dans la puissance de faire que le résultat de ses actes corresponde toujours à ses désirs et à ses besoins » (1). «... Si l'on prenait à la lettre cette sorte de dicton classique que la propriété est la condition essentielle de la liberté, on devrait se résigner à ce que le genre humain ne fût jamais libre » (2). A l'appui de son opinion, Leroy-Beaulieu cite l'exemple de la Belgique, trop petite pour alimenter ses habitants, et il conclut sa démonstration en établissant par l'histoire, que le collectivisme n'est pas le régime des peuples libres.

Liberté du contrat. — Mais le représentant du libéralisme orthodoxe ne considère pas seulement la liberté en elle-même. Il l'étudie chez le contractant. Tout contrat est comme le nœud qui enchaîne deux volontés. Le salaire est lui-même un «contrat de liberté réciproque conforme à la nature des choses (3) ». Il suppose donc la liberté du patron et de l'ouvrier.

Liberté de l'ouvrier comme contractant dans la formation du contrat de travail. — Libre, l'ouvrier le sera

1. Leroy-Beaulieu, *Le collectivisme*, 2º édition, p. 82.
2. Leroy-Beaulieu, *Le collectivisme*, 2º édition, p. 83.
3. *Grande économie politique* de Leroy-Beaulieu, t. II, p. 223.

dans le choix de son métier, de son patron, de son salaire, de sa jouissance, il le sera par rapport aux autres ouvriers, aux patrons, aux syndicats, à l'État lui-même. Nous vivons sous le régime de la liberté la plus grande. « Le salaire est la forme par excellence du contrat libre ; c'est de tous les engagements humains celui qui maintient le plus la liberté des deux parties et qui assure le mieux à chacun ce qui lui revient; c'est aussi le procédé qui répond le mieux aux exigences de la vie humaine, l'homme ayant des besoins journaliers et certains » (1). C'est un fait. L'ouvrier ne peut attendre pour être rémunéré le résultat lointain de l'entreprise, et si l'on songe que toute entreprise est plus ou moins aléatoire, c'est garantir la liberté du travailleur que de lui assurer un salaire malgré les pertes possibles.

Comment soutenir alors que l'ouvrier n'est point libre dans son contrat de travail? C'est pourtant la prétention des collectivistes allemands ou français. Nous avons, à la suite de Jaurès et Deville, précisé leur argumentation. Que subsiste-t-il de ce sophisme ? Il reste que selon la formule d'Yves Guyot : « Le contrat de travail doit laisser à chacun son indépendance une fois le service réciproque rendu, qu'il doit séparer rigoureusement l'homme de la chose, qu'il doit être

---

1. Leroy-Beaulieu, *Économiste français* du samedi 9 octobre 1886, p. 430, col. 1.

réel et non personnel » (1). Il reste surtout que les travailleurs « chercheront dans un plus grand bien-être les conditions de leur indépendance » (2). Il est possible que, dans notre société, les inégalités naturelles soient trop grandes et que la liberté ne puisse être pleinement assurée à l'ouvrier sans une modification profonde du contrat de travail. Cependant, l'ouvrier entre à l'usine parce qu'il le veut bien, et l'offre faite par le patron est acceptée par lui de plein gré, en pleine connaissance de cause. Et c'est bien là un contrat, contrat fondé selon le mot de Chailley-Bert sur l'égalité civile des contractants, ouvrier et patron.

Mais, nous dit M. André Liesse dans son article Travail, du *Grand dictionnaire d'économie politique* de Léon Say, p. 1083, on ne saurait parler de l'égalité absolue des contractants, égalité naturelle dans les besoins, la santé, etc., qui ne peut exister chez les hommes dont les forces sont inégales et aussi les besoins. Etre libre juridiquement c'est n'être opprimé par l'injustice d'aucun autre homme. La loi ne peut donner une autre indépendance.

En outre, tous les contrats seraient attaquables sous prétexte que l'un des contractants est plus fort que l'autre, que l'un est poussé par un besoin plus pressant. Enfin les économistes fidèles aux principes de la

---

1. Yves Guyot, *La morale et la concurrence*, p. 34.
2. Spuller, *Éducation de la démocratie*, p. 50.

liberté ont toujours reconnu aux ouvriers le droit de cesser leur travail quand le salaire leur semblait pouvoir être augmenté, l'exercice de ce droit devant s'accomplir sans troubles et sans violences » (1).

Et c'est ainsi que le contrat actuel de louage de services demeure valide malgré les arguments collectivistes. Oui, l'ouvrier reste libre dans son contrat parce qu'il sait que le patron ne peut se passer de la main-d'œuvre. Son offre de travail présentée isolément peut être faite parfois dans des conditions désavantageuses. Mais s'il a recours au syndicat de travail, sa force devient celle de ses coassociés, et le patron qui n'a pas intérêt à être trop exigeant tiendra compte de ses revendications si elles sont fondées (2).

Liberté de l'ouvrier dans le fonctionnement et la rupture du contrat de travail. — Libre de s'associer, l'ouvrier l'est aussi pendant le fonctionnement du contrat de travail. La loi du 21 mars 1884 sur les syndicats est toute en sa faveur. L'article 6 de cette loi permet aux syndicats de constituer sans autorisation avec leurs membres des caisses de secours mutuel, des caisses de retraite, des offices de renseignements pour la dé-

---

1. Voir aussi l'ouvrage de Liesse : *Le travail*, pp. 430 et 431. « Il ne faut pas espérer jamais pouvoir établir l'égalité de la puissance de concurrence entre deux contractants... ».

2. Voir Hubert-Valleroux, *Le contrat de travail*, pp 246 et suiv.

fense de leurs intérêts professionnels. Des modifications ont été apportées depuis au texte primitif pour étendre encore la liberté du syndiqué. Il semble même qu'aux yeux de nos législateurs l'ouvrier syndiqué soit plus intéressant que le non-syndiqué. Aujourd'hui le syndiqué est défendu, mais le travailleur qui veut rester à l'écart de tout groupement est traité en ennemi par le syndicat qui parvient trop souvent à le faire expulser de l'usine ou de l'atelier. Pourtant, aux yeux de l'homme impartial, toutes les libertés se valent et doivent être également défendues. Les associations professionnelles peuvent être favorisées et elles doivent l'être si l'on veut relever notre industrie nationale. Mais il faut que la justice, il faut que la liberté soient égales pour tous. Le progrès social l'exige.

Un décret du 17 septembre 1900 a créé, en France, des Conseils du travail. Ce sont des institutions réunissant patrons et ouvriers en commun pour délibérer sur les intérêts professionnels, et jouissant de certaines attributions représentatives et consultatives. L'auteur de ce décret, M. Millerand, expliquait ainsi sa pensée dans la séance de la Chambre du 23 novembre 1900 : « Ce que nous avons voulu, c'est précisément que les Conseils du travail, qui doivent être l'intermédiaire naturel entre les syndicats patrons et les syndicats ouvriers, eussent par leur composition même l'autorité et la force sans laquelle, à vrai dire, ils n'existeraient même pas alors même qu'un décret leur donnerait une apparence de vie » (1). Ces Conseils ne sauraient sortir des limites de leur autonomie professionnelle. Elus par les syndiqués, ils doivent défendre les intérêts de leurs électeurs mais sans devenir les oppresseurs des non-syndiqués. « La représentation des intérêts, dit Leroy-Beaulieu, ne saurait être obligatoire. Rien n'est plus faux et plus dangereux que ce système. Il importe que les différents intérêts professionnels puissent faire entendre leur voix ; des corps consultatifs les représentant sont légitimes, mais on ne saurait leur abandonner la législation » (2).

Il peut arriver que l'ouvrier après avoir été embauché trouve insuffisante la rémunération de son travail ou soit mécontent de son patron pour des raisons quelconques. Il a le droit de se retirer après avoir fait connaître son intention au moins huit jours à l'avance. Il peut même se coaliser avec ses compagnons et défendre par la grève ses revendications. Sans doute, il serait bon que l'ouvrier ne se mît en grève qu'après avoir épuisé tous les moyens de conciliation. Mais lorsqu'il voit ses droits méconnus, en interrompant son travail il exerce un droit incontestable. Nul ne peut

---

1. *Journal Officiel*, séance du 23 novembre 1900, p. 2228, col. 1 : voir à ce propos l'ouvrage d'Hector Depasse, *Du travail et de ses conditions*, et plus spécialement le rapport sur les Conseils du travail à la fin du volume.
2. Leroy-Beaulieu, *Grande économie politique*, t. II, p. 474.

contraindre à travailler un ouvrier qui ne le veut point. Mais nul aussi ne peut empêcher le travailleur de se rendre à son chantier si cela lui plaît : « Ainsi, les grévistes n'ont pas le droit de stationner en troupes à l'entrée des ateliers, d'insulter les non-grévistes ou les nouvelles recrues, de faire des rondes ou des patrouilles d'intimidation » (2).

« Si 10 pour 100, si 5 pour 100 ou même un seul veulent continuer à travailler, toute la puissance publique doit être employée à protéger la liberté de ces 10 pour 100, de ces 5 pour 100 ou de cet homme isolé. Le principe du droit individuel le veut et l'intérêt social l'exige. »

Liberté du patron. — La liberté de l'ouvrier a pour contre-partie la liberté du patron. Puisque le contrat de travail est suffisamment juste, le patron n'est point supprimé et nous devons délimiter la sphère de sa liberté.

« Le patronat, nous dit Leroy-Beaulieu, est le sel de la terre, le ferment, l'élément d'impulsion vers le progrès » (3) ; c'est encore « l'initiative et la direction des

---

1. Leroy-Beaulieu, *Grande économie politique*, t. II, pp. 436 et 437.
2. Leroy-Beaulieu, *Grande économie politique*, t. II, p. 434.
3. *L'Économiste français*, samedi 9 octobre 1886, p. 431, col. 1.

hommes qui successivement se dégagent et émergent de la foule par leurs qualités d'ardeur au travail, d'économie, de capacité intellectuelle, de force de combinaison et d'esprit d'entreprise » (1).

Quand le patron prend un ouvrier, c'est pour un certain salaire et pour un temps limité. Libre, le patron l'est dans le choix du travailleur et l'emploi qu'il lui donne. Mais il ne l'est pas moins dans la fixation du salaire.

Le syndicat ne saurait exiger un minimum de salaire sans léser les droits du patron. Il peut favoriser l'ouvrier en faisant à sa place l'offre de travail ou la demande du salaire convenable. Mais si le patron n'accepte point les conditions qui lui sont ainsi proposées, l'État lui-même ne saurait intervenir pour l'y contraindre. Chacun est libre de contracter ou de ne pas le faire. D'ailleurs, la matière des salaires étant la plus diversifiée et la plus variable qu'il soit, l'État à cause de sa partialité, de ses erreurs probables, se trouve dans les plus mauvaises conditions pour intervenir (2).

Cette intervention serait nuisible à l'ouvrier qui travaillerait moins par suite de l'élévation de son salaire. Mais pour le patron, elle le serait bien davantage. Un minimum de salaire suppose un minimum de travail

1. L'*Économiste français*, samedi 9 octobre 1886, p. 431, col. 1.
2. Leroy-Beaulieu, *Grande économie politique*, t. II, p. 478.

de la part de l'ouvrier, et de la part du marchand un minimum de profit.

En pratique, le patron rejettera de telles propositions de salaire parce qu'elles lui seraient défavorables. Il n'emploiera pas d'ouvrier chaque fois que sa rémunération légale minima dépassera, selon les vraisemblances, le résultat net de l'ouvrage. »

Comment se fera donc la détermination du juste salaire ? Elle aura lieu, d'après Leroy-Beaulieu, selon la loi de l'offre et de la demande. « Le salaire présente à l'entrepreneur ce grand avantage de lui maintenir entière toute sa liberté de direction ; il n'a pas à discuter continuellement avec ses ouvriers et ses employés sur l'utilité de telle ou telle catégorie de travaux, il peut aller de l'avant... Effectivement responsable, l'entrepreneur doit être absolument libre » (1).

Cette liberté du patron doit être maintenue pour la fixation du salaire. Il ne faut pas la laisser entamer par les systèmes de la participation aux bénéfices et de la coopération. Le patron pourra-t-il garder sa supériorité économique? toute la question est là. Il apporte à l'entreprise commune un concours effectif indispensable. La valeur d'une marchandise, d'après les socialistes, vient du travail seul. Leroy-Beaulieu leur répond que le travail n'est pas l'unique facteur de

---

1. Leroy-Beaulieu, *Grande économie politique*, t. II, p. 221.

la production. La direction de l'entreprise, la disposition d'outils, de machines, de capitaux concourent aussi à la formation du bénéfice. Puisque l'apport du patron est un élément intégrant de la production, il faut considérer ce patron comme une véritable cellule économique. Or, cette cellule joue un rôle économique capital à cause de sa situation acquise, et de sa responsabilité plus grande.

Le patron sera donc libre dans le mode de rémunération du travail. Montrons-le dans le détail.

L'ouvrier ne peut exiger de lui la participation aux bénéfices sans consentir à participer aux pertes. Il ne peut prendre pour lui les circonstances favorables et laisser au patron tous les risques. « La participation aux bénéfices, dit Leroy-Beaulieu, ne repose pas sur un principe d'équité, les bénéfices tenant non à l'ouvrier, mais à la conception et à la direction des chefs de l'entreprise, ou parfois à certaines circonstances extérieures dont les chefs de l'entreprise, les fournisseurs de capitaux assument par avance tous les aléas heureux ou malheureux » (1).

Le système de la coopération ne saurait davantage être imposé au patron. « La coopération, nous dit Leroy-Beaulieu, s'entend d'une association d'un genre particulier, agissant plus sur les personnes que sur

1. Leroy-Beaulieu, *Grande économie politique*, t. II, p. 553.

les capitaux, poursuivant un but non seulement financier mais moral (1) ». Grâce aux coopératives de production et de consommation les actionnaires sont à eux-mêmes leur patron, leur ouvrier, leur prêteur, leur fournisseur etc. (2). « Par un renversement de la situation, dans le régime coopératif, c'est le travailleur ou le consommateur qui, étant propriétaire, touchera les bénéfices et c'est le capital qui sera réduit au rôle de simple salarié » (3).

Le patron est-il tenu de céder son atelier, son usine, ses outils ou machines, ses capitaux enfin pour favoriser le développement de cette forme coopérative?

Au point de vue économique, il vaut mieux qu'il donne à son ouvrier le salaire courant pour telle industrie, dans telle ville. En effet les salaires les plus faibles ne sont pas généralement les plus productifs.

Au point de vue moral, l'employeur a le devoir de rémunérer ses ouvriers convenablement même avec une certaine largeur stimulante. Il pécherait moralement en spéculant sur l'ouvrier, en le mettant dans la nécessité d'accepter pour son travail un salaire

1. Leroy-Beaulieu, *Grande économie politique*, t. II, p. 557.
2. Gide, *La coopération* (Conférences de propagande V^e). *L'idée de solidarité en tant que programme économique*, pp. 163-165.
3. Gide, *La coopération* (Conférences de propagande IIIe). *De la coopération et des transformations qu'elle est appelée à réaliser dans l'ordre économique*, p. 99.

infime qui ne lui permettrait pas de mener une vie décente (1).

Le devoir de la rémunération une fois accompli, le patron reste entièrement libre de prendre son ouvrier à la journée ou à la tâche, de lui donner un salaire plus ou moins élevé ou même de faire de lui un associé. Il n'est point prouvé que l'ouvrier par son travail acquière un droit quelconque sur la mine dans laquelle il est embauché (2).

Le patron se trouve par suite de son travail antérieur ou de celui de ses ancêtres, ou même des circonstances, dans une situation économique privilégiée. Il y a entre lui et l'ouvrier une inégalité naturelle. Nul ne peut la supprimer sans recourir à la confiscation ou au vol. Seule la conscience morale établit dans le monde du travail une égalité relative. N'en cherchons point d'autre si nous ne voulons point devenir des esprits chimériques. L'égalité absolue ne saurait pas plus exister en économie sociale qu'en politique ou en sociologie.

Si maintenant nous passons de la question de droit à la question de fait, nous constatons qu'historiquement la substitution de la coopération au salariat ne s'impose pas davantage. Leroy-Beaulieu conclut ainsi

1. Leroy-Beaulieu, *Grande économie politique*, t. II, pp. 484 et 485.
2. Leroy Beaulieu, *l'Économiste français*, 18 septembre 1886.

ses recherches sur la question : « De l'étude attentive du mouvement coopératif sous ses diverses formes, depuis 1830, il ressort avec une souveraine clarté que cette ingénieuse combinaison, la coopération, ne peut nullement aboutir à éliminer graduellement le salariat lui-même, en donnant aux travailleurs la propriété de leurs instruments de production, et à supprimer les intermédiaires y compris l'entrepreneur » non plus « qu'à supprimer la part du capital sur les profits ou les dividendes en la réduisant à la portion congrue, l'intérêt » (1). Le salariat reste la base de la société coopérative ; aucune association de ce genre n'a encore eu l'idée inapplicable de le supprimer.

Ainsi Leroy-Beaulieu, passant de la défensive à l'offensive, poursuit ses adversaires sur leur propre terrain. Aux socialistes, il montre que le salariat reste la forme la plus libre de la rémunération. Il ose écrire : « Une société progressive et libre ne saurait lui survivre ». Cette loi économique du salariat, dans la suite des siècles, se retrouvera la même malgré quelques modifications accidentelles. Elle subsistera comme garantie de l'effort du travailleur « sous la
« forme d'un minimum fixe qui sera prélevé par pri-
« vilège avant toute répartition ; or c'est bien là le
« salaire sauf le mot » (2).

1. Leroy-Beaulieu, *Grande économie politique*, t. II, p. 567.
2. Leroy-Beaulieu, *Économiste français*, 9 octobre 1886, p. 431, col. 1.

Après avoir montré que le salaire reparaît dans le système de la coopération, il restait à Leroy-Beaulieu à nous dépeindre la catastrophe de la liberté du travail sous le régime collectiviste. Il l'a fait en quelques lignes magistrales :

« Supposons le salaire complètement aboli ; la
« liberté et l'égalité disparaissent à la longue. On est
« sous le régime de l'association ouvrière, c'est-à-dire
« que l'ouvrier est rémunéré non pas uniquement en
« proportion de son travail personnel, mais en pro-
« portion des résultats généraux de l'entreprise. Il
« reçoit, non pas en raison de son travail, mais en
« raison du travail de tous ses camarades, en raison
« de l'habileté ou de la maladresse, du soin ou de
« l'incurie de ceux que le corps entier des mineurs a
« élus pour chefs, en raison encore de la capacité
« des gérants qu'on aura préposés à la partie commer-
« ciale. Qui ne voit que c'est là une atteinte au véri-
« table principe d'égalité ?

« Les mineurs de telle entreprise seront beaucoup
« plus rémunérés que ceux de telle autre, non pas
« parce que les premiers auront plus et mieux tra-
« vaillé, mais parce qu'ils auront eu le bonheur de
« mettre la main sur des chefs plus intelligents ou
« plus soigneux. L'individu est ainsi dépendant, non
« pas de sa propre énergie, mais des mérites collec-
« tifs du petit groupe auquel il appartient. Si c'est là
« un progrès, il n'est acquis qu'aux dépens de la
« responsabilité individuelle.

« Ce n'est pas tout : la liberté se trouve aussi
« atteinte à la longue. Supposons le salariat supprimé
« et toutes les entreprises constituées en associations
« ouvrières : il deviendra excessivement difficile à
« l'homme de quitter un métier pour un autre, une
« localité pour une autre. Il faudra se dégager d'une
« association ancienne et s'engager dans une associa-
« tion nouvelle, ce qui sera une affaire autrement
« laborieuse que de recevoir sa paye de quinzaine ou
« du mois et de changer son chantier pour un chan-
« tier voisin.

« Les associations qui prospèrent ne voudront pas
« recevoir, au moins à égalité de traitement avec les
« anciens membres, des membres nouveaux. L'indi-
« vidu deviendra vraiment le serf de l'association. Ce
« serait un régime de beaucoup plus grave inéga-
« lité, et de beaucoup moindre liberté qu'aujourd'hui
« entre les ouvriers » (1).

Il est impossible de mieux dire. Ces lignes ont été
écrites en 1886 dans l'*Economiste français*, neuf années
avant la complexe esquisse de Jaurès sur l'organisation du travail. Aujourd'hui encore elles n'ont rien
perdu de leur valeur ni de leur actualité. Elles montrent que l'état social présent est de beaucoup préfé-
rable au régime collectiviste. Elles sont inspirées par

1. Leroy-Beaulieu, *Économiste français*, 2 octobre,
p. 430, col. 2 et p. 431, col. 1.

l'esprit d'égalité, par le souci de cette liberté individuelle qui est encore, selon Leroy-Beaulieu « le plus grand des biens et le facteur le plus actif de progrès » (1).

Non, l'avenir n'est point à la centralisation sociale par la réglementation excessive du travail, mais à la plus large décentralisation par l'*association libre* (2). Sur ce point, Leroy-Beaulieu est d'accord avec M. Paul Deschanel.

1. Leroy-Beaulieu, *Grande économie politique*, t. II, p. 474.
2. Leroy-Beaulieu, *op. cit.*, t. II, pp. 398 et 417.

CHAPITRE IV

PAUL DESCHANEL

OU CONCEPTION DE LA LIBERTÉE PROTÉGÉE

La liberté du travail dans la société actuelle. — 1º liberté et propriété ; 2º liberté du contrat de travail.
La liberté du travail dans la société de l'avenir ou « ce que le socialisme promet, l'association libre et protégée le tient ». — Remèdes ; sage législation du travail et développement de l'organisation professionnelle. — Libertés du mutualiste de l'avenir : 1º choisir son métier et son atelier ; 2º avoir une occupation assurée ; 3º percevoir le produit intégral de son travail ; 4º faculté de consommer à sa guise ; 5º suffrage social dans le choix de délégués qui protégeront le travailleur sans l'asservir.
Ainsi s'atténueront les inégalités naturelles qui font obstacle à la liberté du travailleur.

Entre le libéralisme orthodoxe et le socialisme français, un système nouveau surgit à l'heure actuelle. Il ne naît point du désir vain de concilier l'inconciliable, de faire la paix entre adversaires grâce à des concessions réciproques. Il procède d'une position différente prise dans la conception de la liberté économique.

La liberté n'est plus cette notion vague que nous avons essayé de caractériser plus haut par les définitions de Bastiat, Dunoyer et Leroy-Beaulieu (1). Elle n'est pas davantage un concept collectif emprisonnant toute vie individuelle pour la mieux libérer. Dans des intelligences très ouvertes aux problèmes de notre temps, la liberté économique tend à prendre une forme plus positive. Une scission s'est faite dans l'école libérale pour limiter davantage, pour mieux préciser cette liberté du travail qui fut la glorieuse conquête des Turgot et des Condorcet.

M. Henry Michel, dans *l'Idée de l'État* et dans sa brochure : *La Doctrine et la Démocratie*, s'est orienté dans ce sens : « Les droits de l'individu, nous dit-il, veulent être respectés dans la mesure où ils ne s'opposent pas aux deux grandes fonctions de l'État, fonction morale, fonction économique » (2).

A la Chambre, un groupe nouveau s'est formé sous la poussée des courants économiques actuels. M. Balsan parlait en son nom lorsqu'il se déclarait « partisan de la liberté individuelle entière toutes les fois qu'il n'y a pas nécessité sociale à l'empêcher » (3).

1. Cf. ch. III, p. 32.
2. Henry Michel, *l'Idée de l'État*, p. 651.
3. *Journal Officiel*, séance du 31 janvier 1891, p. 173.

Ce courant paraissait tellement fort à Jules Lemaître qu'il disait dans son discours à l'Association des étudiants :

« De l'extrême droite à la gauche la plus avancée, quel est l'homme qui n'affirme souhaiter toute la liberté compatible avec les conditions d'existence de la société et la diminution de l'injustice et de la souffrance dans le monde, dût-il lui en coûter de sérieux sacrifices personnels ? (1) »

Si l'école nouvelle n'a point encore pris suffisamment conscience de son idéal, si elle n'a point trouvé sa formule précise, il semble que dans des doctrines comme celles de Gide et Deschanel elle apporte des solutions pleines de promesses pour l'avenir.

Dans les œuvres de ces deux mutualistes, la conception de la liberté s'offre à nous avec des nuances différentes. Le salariat doit disparaître totalement selon Gide (2). Il doit subsister sous une forme plus idéale selon Deschanel (3). Le capital dans la pensée du premier doit être le serviteur du travail souverain (2) ; aux yeux du second, il doit être son égal, son associé de telle sorte que le contrat de louage de services soit

1. *Journal des Débats* (édition rose), vendredi soir, 8 juin 1894, p. 3, col. 1.
2. Gide, *La coopération*, pp. 4 et 5 ; voir aussi p. 99.
2. Gide, *l'Ecole nouvelle ou conférence sur l'école de la solidarité*, p. 123.
3. Deschanel, Discours de Lyon, 1er mai 1898, dans la *République nouvelle*, p. 281.

vraiment synallagmatique (1). Aussi M. Deschanel nous paraît-il représenter entre tous cet idéal économique à la fois libéral et progressiste, seule position possible si l'on fait abstraction des nuances accessoires et des limitations plus précises entre le libéralisme orthodoxe d'une part et le socialisme de l'autre (2).

M. Deschanel n'a point songé à exposer d'une manière complète son système. Aussi ne pouvons-nous lui faire un reproche des lacunes de son exposé. Il ne s'est point (pas plus d'ailleurs que Jaurès et Leroy-Beaulieu) spécialement proposé d'exposer sa conception de liberté économique. Mais les réponses faites par lui à certaines questions essentielles nous permettront de deviner le reste.

Liberté et propriété. — « Le problème de notre âge, a dit Paul Deschanel, consiste à concilier le principe de la liberté individuelle et par conséquent de la propriété individuelle (car la propriété n'est qu'une des formes de la liberté, c'est la liberté concrète, visible) avec le principe de la solidarité et de la justice sociales » (3).

1. Deschanel, Discours du 2 mars 1898 au banquet du commerce et de l'industrie.
2. Bourdeau, *Journal des Débats*, 6 mai 1898. La philosophie de M. Paul Deschanel.
3. *Journal Officiel*, séance du 20 novembre 1894, Réponse à M. Jules Guesde, p. 1922, col. 2.

Pour saisir toute la pensée de Deschanel sur ce point, il faut rapprocher ce passage des paroles prononcées dans le fameux discours sur la crise agricole, qui valut à son auteur l'honneur de l'affichage :

« Mais regardez l'histoire ! regardez la marche de la civilisation à travers les siècles ! Est-ce que l'idée de propriété et l'idée même de droit et de liberté n'ont pas toujours marché ensemble, comme si elles étaient deux aspects d'une même idée, aussi vagues, aussi confuses l'une que l'autre au moyen âge, puis se dégageant peu à peu, s'éclairant et se précisant enfin l'une et l'autre dans la philosophie du xviii° siècle ?... La doctrine d'un droit de propriété indépendant de la volonté de l'Etat, c'est la doctrine moderne, c'est la doctrine de la Révolution française » (1).

C'est maintenant tout le discours qu'il faudrait analyser pour montrer qu'aux yeux de Deschanel la petite propriété se répand de plus en plus. La démonstration, disons-le franchement, ne nous paraît pas concluante, et elle le serait difficilement. D'une part, les statistiques sont toujours plus ou moins approximatives, de l'autre la petite propriété (2) peut diminuer en apparence tout en se développant en réalité si l'on ne tient pas compte de l'extension des syndicats

---

1. *Journal Officiel*, séance du 10 juillet 1897, p. 1940, col. 1.

2. Cf. M. Augé, *Grande ou petite propriété ?* Montpellier.

agricoles ou des sociétés industrielles (1). Et si l'on en tient compte, faudra-t-il considérer les possesseurs des actions de ces sociétés ou syndicats comme des propriétaires? Toute la question est là. Si on la résout par l'affirmative, la petite propriété a légèrement augmenté. Elle serait restée stationnaire dans le cas contraire. Ce dernier point est du reste admis par MM. Emile Chevalier et Gide (rapport cité p. 314).

Mais la question est à notre avis plus complexe. Elle nous amène à nous préoccuper du bien-être des travailleurs et non pas seulement de leur propriété grande ou petite. Sont-ils plus à l'aise qu'autrefois? Ont-ils du moins ces moyens d'existence qui constituent le minimum de propriété sans lequel il ne saurait y avoir de liberté économique? Tel est le point capital que néglige Deschanel. Nous répondrons à ces questions dans la critique de cet exposé.

Abordons maintenant la discussion du contrat de travail. L'ouvrier, disent les socialistes, est soumis à des conditions qui lui sont imposées par la force des choses. Il est contraint d'accepter pour vivre un salaire très faible. Deschanel reconnaît qu'il y a du vrai dans cette argumentation. « Oui, s'écrie-t-il, nous croyons nous aussi que le contrat de travail n'est pas un contrat comme un autre, parce qu'ici la marchan-

1. Voir à ce propos dans la *Revue des Deux-Mondes* dans le numéro du 15 juin 1899 l'article de Fouillée : Le progrès social en France.

dise offerte ne fait qu'un avec le vendeur, parce qu'ici c'est la personne humaine qui est engagée...» (1). Il complétait son système dans son discours du 2 mars 1898 en aspirant après « un monde meilleur, nouveau et plus juste où le contrat de travail au lieu d'être, comme cela arrive encore trop souvent aujourd'hui, un joug imposé sera une convention vraiment synallagmatique » (2).

Remèdes. — Le mal social appelle des remèdes. Ils sont de deux sortes aux yeux de Deschanel : d'une part, une sage législation du travail, de l'autre le développement de l'organisation syndicale.

Interventionnistes, tous les économistes le sont lorsqu'il s'agit de la répression des abus. Leroy-Beaulieu l'était le jour où il demandait des châtiments exemplaires pour les spéculateurs qu'il osait appeler « des brigands de grande route ». Mais Deschanel va plus loin que lui dans la voie de l'intervention. L'Etat n'a pas seulement dans son système le devoir d'appliquer aux accapareurs les lois existantes. Il s'inspirera dans ses actes d'une justice plus délicate. « Liberté ne veut pas dire inhumanité », disait un jour Jules Simon.

1. Rapprochons de ce passage cette phrase prise dans le discours de Carmaux : « Si l'entrepreneur peut s'attribuer à lui seul le pouvoir de régler les conditions du traité, il n'y a plus réellement contrat ».
2. *Quatre ans de présidence,* pp. 143, 179-180, 269.

Deschanel faisant sienne cette parole réclame de l'Etat des lois plus équitables. Bien que cette intervention de l'Etat soit « une affaire de mesure et d'espèce » (1), en soi elle est aussi légitime qu'indispensable : « Certes, dit encore le leader progressiste, nous ne sommes pas avec ceux qui, sous prétexte de justice sociale, écrasent la personnalité humaine sous le joug de l'Etat.

Mais nous croyons que l'Etat a d'autres devoirs que celui d'assurer l'ordre matériel ; que son intervention peut être légitime, quand l'individu est trop isolé ou sacrifié, quand l'association est encore trop faible ou quand il s'agit de préserver la société d'un mal. Nous croyons qu'il ne doit pas seulement aux peuples la justice au sens judaïque du terme, et qu'il a pour mission non seulement de faire observer les lois, mais de les rendre plus justes, plus libérales, plus humaines, d'y mettre plus de fraternité et pour tout dire d'un mot, plus de bonté » (2).

Une législation de plus en plus humaine favorisera le développement de l'autonomie des syndicats, véritables cellules de l'organisation nouvelle du travail. Faire respecter la liberté des travailleurs syndiqués ou non-syndiqués ne serait point en effet une tâche

1. Discours de Carmaux, 27 décembre 1896, col. 1.
2. Discours de Marseille, 26 octobre 1896, *République nouvelle*, p. 196 ; Discours à Saint-Mandé, 29 mai 1898 ; *Quatre ans de présidence*, pp. 15 et 67.

qui puisse suffire à l'infatigable bonté du législateur idéal. « Nous voulons, s'écrie Deschanel (qui sur ce point encore se sépare nettement de Leroy-Beaulieu), nous voulons donner aux associations *professionnelles une capacité industrielle et commerciale*... nous voulons que l'Etat, au lieu d'entraver ce grand mouvement syndical et coopératif des villes et des campagnes, se fasse son auxiliaire, et par une application scientifique du principe de la solidarité, aide *les travailleurs à monter dans le bien-être, dans la justice et dans la lumière* » (1).

Ainsi pour exposer le concept mutualiste de la liberté c'est la conception libérale de Leroy-Beaulieu que nous devons reprendre dans ce qu'elle a de positif, mais en l'élargissant par la suppression de certaines restrictions à l'intervention de l'Etat.

Nous avons ainsi déblayé le terrain sur lequel nous pouvons construire l'édifice d'une société plus juste et plus heureuse « *Oui, ce que le socialisme promet, l'association libre le tient* » (2). Et ce n'est pas seulement l'idéal de justice, c'est l'idéal de liberté rêvé par Jaurès qui sera réalisé par l'association libre des travailleurs aidés par l'Etat. Une nouvelle forme d'association tenant à la fois de la société anonyme, de la coopéra-

1. Discours du 2 mars 1898 au banquet du commerce et de l'industrie ; voir à ce propos dans le *Journal Officiel* la discussion de la loi sur les syndicats, du 21 mars 1884.
2. *Journal Officiel*, séance du 10 juillet 1897.

tive, de la mutualité, apparaîtra bientôt, et les aspirations légitimes des travailleurs à une liberté concrète seront satisfaites (1). Déjà depuis la nouvelle loi de 1898 qui favorise la combinaison des mutualités avec les syndicats, des améliorations sérieuses ont été introduites surtout en agriculture. Pour le moment les mutualistes doivent s'unir entre eux et s'assurer une retraite pour leurs vieux jours. Mais il ne nous est pas interdit de songer à l'avenir qui se prépare (2).

Libertés du mutualiste (3). — Jaurès a dit : Chacun aura la liberté *de choisir son métier, son atelier.* Gardons-nous de juger des effets du régime collectiviste d'après les intentions de ses défenseurs. C'est la forme même de ce régime qu'il faut examiner: « Or, nous dit Deschanel, la réglementation à outrance même

1. *République nouvelle*, Discours de Lyon, 1er mai 1898, p. 281.
2. *Petite Gironde*, Compte rendu du Congrès mutualiste d'octobre 1901. Sur la loi de 1898 consulter le Rapport de l'Exposition de 1900 par Gide, p. 209, et plus généralement pp. 200-213.
3. Mutualité et question sociale : « Il n'est pas vrai de dire que la mutualité soit la solution — l'unique solution de la question sociale. Il n'y a point de panacée...; mais je crois que l'idée qui nous réunit est une de celles qui auront le plus modifié, d'ici à un demi-siècle, la face de la société française ». *Quatre ans de présidence*, p. 171 ; *id.*, p. 269, les autres idées chères à Deschanel sont la coopération et l'organisation rationnelle du syndicat.

dans les moindres détails est la condition même de la mise en œuvre du système ». Guesde le reconnaît en toute franchise : « on aura recours s'il le faut à la réquisition ». Jaurès espère que des primes accordées aux plus vaillants la rendront inutile. Mais « avec ces récompenses spéciales, quel arbitraire ! » lui répond Deschanel (1). L'organisation collective du travail serait-elle votée par la majorité des travailleurs entraînerait encore la coercition. Il faudrait en effet violenter une minorité dès le début réfractaire ou qui le deviendrait bientôt à cause du favoritisme des directeurs du travail. En effet, celui qui tient compte de l'état moral peu avancé de l'humanité prise dans son ensemble, sait très bien qu'on ne peut faire dépendre la liberté de l'individu de la perfection de tous les autres. Dans ces conditions, c'est exposer à une perte certaine la liberté du travailleur que de la subordonner au fonctionnement de l'organisation collectiviste. Nous aurions le choix du métier en théorie et le travail forcé en pratique.

Voilà pourquoi Deschanel se déclare partisan d'un régime nouveau qui présente les avantages de la centralisation du travail sans en avoir les inconvénients. Chacun entrera dans le syndicat s'il le veut, mais le travailleur qui s'y refuse doit rester aussi libre que le

---

1. Deschanel, Discours de Carmaux, *passim*. La question sociale.

syndiqué (1). C'est la formule même de la liberté du travail.

La deuxième liberté spéciale rêvée par Jaurès est de *trouver sûrement une occupation*. Or quelle garantie nous donne-t-il que sa promesse sera tenue? La mise en pratique du collectivisme. Mais elle est tout au moins problématique. Admettons que l'expérience soit faite dans notre pays; nous verrions une France collectiviste entraîner aussitôt la coalition économique de toutes les nations contre nous (2). Et comme au point de vue commercial, l'isolement pour une nation c'est la mort, de deux choses l'une : ou bien les travailleurs français seraient sans occupation ou bien il faudrait les forcer à peiner plus qu'aujourd'hui pour un salaire inférieur. Pour leur procurer de l'ouvrage il n'est pourtant point nécessaire de les exposer à des risques semblables. Il suffit de développer en eux cet esprit d'initiative qui les pousse à chercher le travail le plus rémunérateur. Il faut protéger l'ouvrier sans l'asservir. L'État, le département, et la commune doivent d'un côté entreprendre de grands travaux d'utilité publique, de l'autre exiger que leurs adjudi-

1. Deschanel, La question sociale, Discours de Carmaux (fin) ; voir aussi *Journal Officiel*, séance de la Chambre du 23 novembre 1893, Discours de M. Barthou, p. 102, col. 2.

2. M. Faguet dans les *Questions politiques*, p. 167, disait de même : « Au fond le socialisme c'est le désarmement... Or on sait trop que le désarmement est impossible... Celui qui commencerait serait victime... ».

cataires donnent aux ouvriers un salaire convenable. Il serait également nécessaire, d'après M. Deschanel, de modifier l'organisation des sociétés anonymes de manière à rendre les directeurs plus responsables, et les ouvriers sans ressources plus heureux dans leur effort pour faire partie de ces sociétés qui étendraient à tout le peuple le bienfait certain du salaire (1).

Cette *rémunération* est en effet la troisième promesse faite par Jaurès à ses partisans. Elle se fera tout d'abord selon ce dernier sous la forme d'un minimum de salaire qui préparera la solution dernière : perception du produit intégral du travail. Sur ce point, Deschanel reconnaît le mal signalé par son adversaire. Mais il se sépare de lui dans le choix du remède. Il n'est pas nécessaire d'organiser le travail collectif pour assurer à l'ouvrier une rémunération convenable. « Vous répétez sans cesse, dit Deschanel aux socia-
« listes : A chacun l'intégralité du produit de son tra-
« vail. Oui, certes, rien de plus juste et c'est préci-
« ment en vertu de ce principe que celui qui apporte
« à l'entreprise l'élément sans lequel elle n'aurait pu
« naître, a droit à une part du profit. Dès lors la ques-
« tion n'est plus de savoir si le capital doit être rému-
« néré — cela est trop évident — mais comment, dans
« quelle mesure il doit l'être » (2). Deschanel dit

1. Deschanel, *Journal Officiel*, séance du 20 novembre 1894, p. 1927, col. 1.
2. *Télégramme*, Les idées mères du socialisme, valeur,

ailleurs : « L'équité commande que quand le capital a touché l'intérêt, et le travail son salaire les frais étant déduits, le surplus du profit soit partagé entre les deux parties, en proportion des services rendus. Or qui fixera cette part? les socialistes répondent : « La société, l'autorité publique ». Nous disons nous : « Les intéressés eux-mêmes ». Mais il faut que ce soient réellement les deux parties et non une seule » (1).
« L'organisation rationnelle, pratique des associations professionnelles est le meilleur moyen pour l'ouvrier d'obtenir exactement la rémunération qui lui est due » (2). Grâce à cette organisation libre du travail, le contrat de louage de services deviendra vraiment synallagmatique. Le salaire ira se transformant, s'élevant, se spiritualisant en quelque sorte (3). Deschanel croit que l'association professionnelle de l'avenir sera « une combinaison du principe coopératif, et du principe de la société anonyme réorganisée ». En bien des cas alors le salariat commencera à disparaître pour faire place à une forme de rémunération plus haute.

Libre par la certitude d'une juste rémunération, le mutualiste le sera aussi par la *facilité de consommer à*

capital, salaire, 1ᵉʳ avril 1895, col. 2 ; La question sociale, p. 99.
1. La question sociale, Discours de Carmaux (fin), p. 227.
2. La question sociale, Discours de Carmaux (fin), p. 227.
3. *République nouvelle*, Discours de Lyon, 1ᵉʳ mai 1898 ; Discours de Paris, 2 mars 1898, pp. 257 et 258.

sa guise. Il ne suffit pas à Deschanel de montrer que le collectivisme rendrait cette dernière liberté bien précaire. Ce seraient en effet des directeurs qui auraient la charge d'accumuler les produits utiles et de les distribuer. Ceux-là seraient vraiment omnipotents ou le deviendraient par la force des choses. Production et consommation sont deux faits connexes inséparables. « C'est le consommateur qui, en définitive, fixe le prix des produits, c'est de lui que tout dépend ; car c'est lui qui est libre d'acheter ou de ne pas acheter. En fait, la rémunération du travail dépend du prix des produits, et l'idéal serait que le taux de la rémunération pût toujours être proportionnel au prix des marchandises » (2). L'ouvrier qui fait partie d'une coopérative de consommation est donc certain que les produits qu'il achète n'augmenteront pas de valeur tandis que sa rémunération resterait sensiblement la même. Il jouira de l'équivalent de son salaire (3). M. Deschanel se sépare aussi de Jaurès dans la détermination du *suffrage social de l'ouvrier*. Le vote serait le principe de l'organisation collectiviste. Nous assis-

1. *Quatre ans de présidence*, p. 180.
2. La question sociale, Discours de Carmaux (fin).
3. Deschanel dans *Quatre ans de présidence*, après avoir fait l'éloge du syndicat agricole, songe aussi au paysan : « Il « faut à présent, dit-il, que la mutualité, en pénétrant les « syndicats, conquière les campagnes. Le principe d'associa- « tion scientifiquement organisé, rénovera l'agriculture fran- « çaise ».

terions d'abord à l'oppression d'une forte minorité par une majorité violente. Bientôt fatiguée des vexations des directeurs, et des moins-values dues à la paresse générale, fruit du nouveau régime, la majorité se retournerait, mais elle serait impuissante à secouer le joug. Comme aux siècles antiques, une poignée d'hommes dirigerait demain une armée d'esclaves. C'en serait fait alors de toutes nos libertés. Non le remède n'est point dans cette réglementation arbitraire et excessive du travail, mais dans la représentation des intérêts par un Sénat composé de délégués élus par les associations professionnelles. L'action de ce Sénat serait tout à l'avantage du travailleur. Loin de gêner son initiative, la collaboration du législateur la stimulerait et la protégerait « comme le tuteur soutient la plante qui s'élève » (1).

Ainsi se réaliserait non pas l'égalité naturelle rêve, chimérique de bonheur parfait, mais l'égalité morale entre associés libres, nécessaire complément de la liberté du travail. L'associé atteindrait son but : la conquête de la propriété ; « il créerait pièce à pièce dans la réalité le domaine qui vivait déjà dans son rêve » (2). Il aurait la joie de passer sur une terre

1. *Décentralisation* (1895), *passim*, surtout p. 42 « canton centre d'efforts communs » ; Discours du 10 juillet 1897, *Journal Officiel*, ou encore Question sociale, p. 151 ; Discours du 17 novembre 1896 sur le mode d'élection des sénateurs. *Journal Officiel*.

2. Voir pour ce développement et la page qui suit : *Jour-*

qu'il aimerait davantage parce qu'elle serait sienne, parce qu'il y aurait enfermé, au prix de combien d'efforts, une parcelle de lui-même.

Aux yeux du solidariste se dresse déjà le xxe siècle, c'est-à-dire un monde nouveau, répondant aux besoins de notre temps avec ses syndicats, ses coopératives, ses mutualités. Il est né de l'effort de tous. A cette œuvre solidaire, l'un a apporté son argent, l'autre son cerveau ou ses bras, tous leur cœur. La politique n'agite plus la cellule industrieuse au détriment des intérêts professionnels. Déjà l'édifice du travail pacifique s'élève au-dessus du sol avec les syndicats locaux à la base, et au-dessus d'eux des groupements plus vastes encore à l'état d'ébauche : Unions régionales, unions centrales des diverses professions, union générale des groupements de toute sorte. Bientôt des horizons inconnus s'ouvriront pour les travailleurs qui trouveront organisés dans leur association professionnelle le crédit, la prévoyance, les assurances, les retraites pour la vieillesse, la conciliation et l'arbitrage pour la rémunération scientifique du salaire et la solution des autres difficultés pendantes. Le xxe siècle sera le siècle de cette association libre qui

---

nal *Officiel*, séance du 10 juillet 1897 (fin) ; Discours de Carmaux (fin) ; Discours de Lyon dans *République nouvelle*, p. 281 ; Discours de Nogent-le-Rotrou dans *République nouvelle*, p. 232 ; voir enfin *Quatre ans de présidence*, p. 179.

n'additionne pas les forces solidaires mais qui les multiplie. Il résoudra par elle le problème du maximum de liberté économique.

CHAPITRE V

CRITIQUE DES TROIS CONCEPTIONS DE LIBERTÉ DU TRAVAIL. LIBERTÉ COLLECTIVE, LIBERTÉ ISOLÉE, ET LIBERTÉ SOLIDAIRE.

A. *Liberté collective*. — La première conception conserve de la liberté le nom. Elle la supprime en pratique parce qu'elle la fait dépendre de conditions irréalisables : de la coïncidence des égalités naturelles et de l'égalité morale, du règne parfait de la justice. Or, comment espérer que ce principe de justice idéale sera demain, par un coup de baguette magique, appliqué par tous au point que nul ne songe plus à abuser de son semblable ?

Oui, je l'avoue, si tous les membres d'une nation tendaient de concert au maximum de progrès social par le développement intégral de leurs facultés, le concept de liberté collective nous satisferait. Ce serait en effet un concept de liberté individuelle organisée, fortifiée par le concours que se prêtent en s'entr'aidant des volontés sociales concordantes. Ce serait l'idéal du saint social réalisé dans une foule. S'il est vrai que l'humanité n'est pas mûre pour cet idéal, si l'élite elle-même est parfois influencée par des motifs d'intérêt personnel ou d'amour-propre, il s'ensuit que vouloir réaliser à l'heure actuelle la liberté collective, c'est absorber par le fait la liberté même.

Précisément parce qu'un idéal est chimérique certains s'imaginent qu'il n'est point dangereux. Mais les espérances qu'il donne au peuple pour être trompeuses ne sont pas moins séduisantes. Beaucoup de travailleurs penseront qu'ils n'ont rien à perdre à l'avènement du régime collectiviste.

N'est-ce donc rien cependant que de s'appartenir (1) et de disposer à sa guise du peu qu'on possède ?

Le régime du laisser faire présente sans doute des imperfections. Il offre du moins le grand avantage de tenir le travailleur toujours en éveil, toujours alerte, en lui faisant éprouver le retentissement immédiat de son effort ou de sa paresse.

Tout au contraire, le collectivisme, s'il était appliqué dans une société égoïste, entraînerait après lui une production inférieure à moins qu'on n'eût recours

---

1. « Seul, a dit Liesse dans *Travail*, p. 482, l'individu « porte en soi le régulateur de son travail et l'appréciation de « ses moyens. Cette connaissance intime de l'effort possible « et utile qu'il peut développer n'appartient qu'à lui ».

à la réquisition. Il généraliserait la paresse en rendant l'ouvrier vaillant solidaire du fainéant.

La parcelle de vérité qui se cache sous cette conception c'est qu'à une industrie plus centralisée il faut un organisme approprié. Sur ce point, collectivistes et solidaristes sont tout à fait d'accord. Mais si nous nous rangeons parmi ces derniers, c'est que nous voulons laisser aux travailleurs l'initiative la plus grande. Pour être rigoureux dans notre démonstration nos adversaires devraient montrer que tout système moins centralisé que le leur ne répond pas aux conditions actuelles de l'industrie et de l'agriculture françaises. Ils devraient montrer que le groupement professionnel doit être aussi étendu qu'une nation ou même que le monde (1).

Mais cette preuve ils ne l'ont jamais donnée. Pour leurs généreuses mais vaines utopies l'ouvrier ne fera point le sacrifice de sa liberté. Les collectivistes l'ont compris. Aussi ont-ils atténué leur système (2).

Ils ont abandonné à des groupements autonomes les entreprises de production qu'ils réservaient autrefois à l'Etat. Nous avons eu avec Jaurès un socialisme décentralisateur. Mais c'était toujours un communisme et Jaurès est le premier à le reconnaître.

1. Faguet, pp. 166-173, *Questions politiques*, « comment l'établissement du collectivisme est impossible sans la destruction des patries ».
2. Cf. Fournière, *Essai sur l'individualisme*, pp. 173-174.

L'Etat dans son système garde le droit de réglementer la production. Mais s'il en est ainsi, fait observer judicieusement M. Bourguin, « l'individu reste soumis à l'arbitraire administratif pour toutes ses consommations, c'est-à-dire pour la plupart des actes de sa vie privée et publique. Et le groupe lui-même, propriétaire de ses instruments, maître de leur usage, directeur responsable de l'entreprise n'en est pas moins subordonné à l'autorité administrative qui lui fixe la nature et la quantité des produits à fournir, et dirige par là même toute sa production » (1).

Ces vues de M. Bourguin nous paraissent devoir être confirmées par quelques lignes d'un philosophe contemporain dans une remarquable étude sur le socialisme de Jaurès : « N'existe-t-il pas, nous dit-il, une contradiction évidente entre les nécessités de l'industrie ainsi entendue et la liberté ? L'Etat qui devra se préoccuper du fonctionnement harmonique de toutes les industries ne devra-t-il pas briser les résistances qui ne manqueront pas de se produire lorsque les ordres donnés par les directeurs communaux ou départementaux ne seront pas conformes aux goûts des citoyens ouvriers devenus des fonctionnaires ?... Au point de vue de la production, où l'ordre régnera mais au détriment de toute liberté, et ce sera la

---

1. *Revue politique et parlementaire*, numéros d'avril, mai, juin 1901, La valeur dans le système collectiviste, p. 351.

tyrannie industrielle, impitoyable, organisée, et une sorte de patronat à plusieurs, exploitant les nouveaux venus, ou bien ce sera le triomphe de l'anarchie économique et l'effondrement de l'industrie nationale » (1).

Ainsi l'effort de toute une génération, de tout un siècle serait annihilé dans un moment de triomphe collectiviste. Voilà le vrai péril national. La perte de deux riches provinces est pour notre pays une blessure saignante encore. Mais après le désastre, la patrie mutilée se releva. La France moderne ne survivrait certainement pas à la catastrophe de son industrie et de sa liberté.

B. *Liberté isolée.* — Si la liberté collective est chimérique, la liberté isolée est imparfaite. Pour s'en rendre compte il suffit de considérer ses caractères essentiels. Elle nous est apparue dans le système du laisser faire comme *inorganisée, sans défense illimitée, fatale.*

La liberté du travail ne peut rester « inorganisée ». — C'est en effet concevoir une *liberté inorganisée* que de réclamer seulement la répression des violences faites à autrui. Une concurrence excessive et désordonnée entraîne parfois pour certains un malaise immérité. Il doit y avoir une organisation du travail en rap-

1. Le socialisme de Jaurès, par le philosophe Y. *Télégramme,* 11 janvier 1896.

port avec la forme que prend l'industrie dans notre société contemporaine. Et comme trop souvent, par suite des transformations du régime industriel, le travailleur de l'usine, de la mine ou du grand atelier n'est plus en rapport avec un patron, mais avec un directeur sans entrailles chargé par des actionnaires de réaliser de très grands bénéfices, il ne peut plus rester isolé. Le petit producteur ne saurait l'être davantage s'il veut lutter avec succès contre les sociétés d'actionnaires ou les rois de l'industrie.

Puisque le travail dans notre société exige des groupements multiples, il faut que ces groupements aient un organisme approprié.

Dans la vie industrielle d'autrefois, l'ouvrier luttait avec ses bras, son intelligence, sa volonté. Dans le régime nouveau du travail les directeurs ou arbitres sont l'intelligence et la volonté vivante de l'organisme dont les ouvriers sont les bras. L'organisme du travail une fois créé fixerait lui-même ses lois dans son propre domaine. Tout associé resterait libre cependant car depuis l'abolition des corporations il ne saurait entrer dans le cercle professionnel sans se réserver une porte de sortie.

La liberté ne peut rester « sans défense ». — Mais pour substituer à la liberté chaotique une liberté organique la protection de l'Etat est nécessaire. Parce qu'un organisme collectif du travail s'impose, il faut que l'Etat favorise ce mouvement de concentration industrielle « par des règles indicatives et non formellement obligatoires » (1). Ces règles n'auraient pas de sanction par voie de contrainte mais seulement par les avantages qu'elles procureraient aux travailleurs. Une seconde raison qui légitime cette intervention de l'Etat, c'est sa fonction même de garant de l'ordre. Parce que chacun ne peut se rendre justice à lui-même, il faut que la société dans les cas de violence, prête main-forte à l'opprimé et assure l'exécution des mesures disciplinaires prises par les arbitres de l'association. L'Etat devra donc reconnaître le caractère légal des décisions professionnelles et abandonner à ces grandes personnes morales qu'on appelle syndicats, d'un côté la législation, de l'autre les droits de posséder et d'acquérir que leur autonomie exige. Enfin un dernier motif de cette intervention sera pour l'Etat le devoir d'assurer à ses membres la possibilité de se procurer les ressources indispensables à la vie. La liberté du travail n'a rien à craindre d'une limitation réduite au minimum socialement nécessaire.

La liberté ne saurait être illimitée. Liberté et solidarité. — Cette liberté en effet ne saurait être sans bornes. Les libéraux les plus orthodoxes lui donnent

1. *Journal des Économistes,* Résumé d'une discussion, n° du 15 juillet 1901 ; Exposé de l'opinion de M. Paul Matrat, p. 125.

pour limite le respect de la conscience humaine chez ses coassociés. Ils ont raison en cela. Mais leur détermination de cette notion de liberté reste vague parce qu'ils ne distinguent pas entre la conscience purement individuelle et la conscience de l'individu social. Ils se défient trop de cette idée généreuse de solidarité qui pénètre les associés d'une même entreprise pour faire d'eux des collaborateurs et des frères. Respecter la liberté d'autrui ne signifie pas seulement s'abstenir de toute violence physique, de toute fraude à son égard. C'est aussi lui laisser en fait la possibilité de se suffire (1). La liberté de chaque associé a une limite précise : l'apport indispensable au syndicat ou à l'association, et les nécessités vitales de ses membres. Voilà le véritable sens de la formule célèbre : « Liberté dans l'obligation ».

La liberté du travail n'est pas une loi économique fatale. — Un quatrième caractère de la notion de liberté isolée c'est d'être fatale. Le progrès économique résulte, selon Leroy-Beaulieu, du libre jeu des volontés abandonnées à elles-mêmes. Une force inconsciente et infaillible pousse notre société au régime du laisser-faire illimité. A travers l'évolution des sociétés se retrouveront éternellement vraies les lois observées

1. M. Belot a très bien dit dans le n° de la *Revue philosophique* de novembre 1896 : « Il ne faut pas qu'un droit à quelque chose puisse devenir un droit sur quelqu'un ».

par les économistes du xviiie siècle, et parmi ces lois le laisser-faire. Les partisans de la liberté collectiviste ont répondu à cette argumentation qui voulait s'appuyer sur l'expérience, en citant à leur tour des faits qui leur paraissent démontrer justement le contraire. Un critique peu suspect de collectivisme, M. Faguet, donne raison aux défenseurs de cette dernière opinion. « Le libéralisme, déclare-t-il dans son avant-propos des *Problèmes politiques du temps présent* n'est pas en hausse pour le moment » (1).

Peut-être collectivistes et libéraux orthodoxes ont-ils également raison mais pour des périodes différentes, les premiers pour la période qui sépare la Révolution française du mouvement démocratique de 1848, les seconds pour celle qui s'étend de cette date jusqu'à nos jours (2). Il faut reconnaître, en effet, que depuis cinquante ans environ, nous pouvons constater l'existence d'un courant prédominant de réaction contre le régime du laisser-faire. Ce courant s'est manifesté par des lois sur les coalitions, sur les syndicats professionnels, et les sociétés coopératives. Il suffit d'ailleurs de considérer les tendances des travailleurs modernes, et les nécessités de l'effort collectif dans la vie industrielle pour se rendre compte que cette notion de liberté isolée a fait son temps et qu'il faut lui substi-

1. Faguet, *op. cit.*, pp. 1 et 2, avant-propos.
2. Henry Michel, *L'idée de l'État, passim*.

tuer une conception plus positive qui se dégage de cette critique, et dont les caractères essentiels sont : l'organisation, la protection, la limitation et la contingence.

C. *Liberté protégée.* — Cette conception est dans le prolongement de la pensée de M. Deschanel. Nous nous sommes épris après lui de cette notion de justice sociale conçue dans le sens du maximum de bien-être assuré aux travailleurs. Avec lui aussi nous voulons exclure dans la réalisation de ce but les moyens attentatoires à la liberté individuelle. Mais nous croyons aussi qu'il faut préciser cette notion de liberté organisée, protégée et solidaire un peu vague encore dans la pensée de Deschanel. Aussi, l'avons-nous limitée par la justice, non comme les socialistes par cet idéal de bonheur parfait auquel nous aspirons tous, mais (avec les solidaristes rigoureux) par un concept précis, je veux parler de justice sociale la plus stricte, de cette solidarité que j'appelle *vitale* parce qu'elle rend accessibles à tous les moyens d'existence. Tel est à nos yeux l'idéal que l'homme d'Etat doit s'efforcer de réaliser par une méthode réaliste, c'est-à-dire en recourant à l'expérience (aux leçons qu'elle donne ainsi qu'aux essais limités qu'elle autorise) pour faire subir aux associations professionnelles les modifications nécessaires.

CHAPITRE VI

CONCEPTION SOLIDARISTE DE LA LIBERTÉ DU TRAVAILLEUR

1° *Le présent.* — A. Question de droit. — A quelles conditions le travailleur considéré comme contractant est-il libre ? — Qu'il s'agisse de la pression du capital ou de celle du groupement, quelle est la part de l'initiative et de la puissance ? — B. Question de fait. — Le travailleur est-il d'une façon normale violenté dans son contrat (question du salaire). — Preuve intrinsèque : la statistique. — Preuve extrinsèque : témoignage des adversaires.

2° *L'avenir.* — A. Quelle forme doit prendre l'association professionnelle pour répondre à cet idéal de liberté solidaire ? — 1° l'association libre actuelle est insuffisante ; 2° le syndicat obligatoire avec propriété privée (Boncour) ; 3° le syndicat libre en droit, mais obligatoire en fait, par suite de l'obligation de la forme collective du contrat (Raynaud) ; 4° l'association que nous préférons. — B. Le travailleur de l'avenir : 1° en général ; 2° en particulier. — Agriculteur et ouvrier. — Limitations : travailleur et patron ; travailleurs entre eux ; travailleurs et l'État ; travailleurs et les concurrents étrangers.

Conclusion. — En écartant les solutions du libéralisme et du collectivisme, nous avons indirectement justifié nos préférences pour la conception solidariste. Essayons maintenant d'aborder de front la difficulté et de définir d'une façon positive la liberté du travailleur dans son contrat. Le problème à cause de son importance et de sa complexité ne saurait être traité en quelques pages. Des garanties nécessaires de la liberté (choix du métier et du patron, faculté de consommer à sa guise, droit de sécession, vote pour la représentation professionnelle, travail assez rémunérateur), nous n'étudierons que la dernière.

Le principe qui nous servira de point de départ pourrait s'exprimer de la sorte : « Tout travailleur doit pouvoir obtenir le minimum de ressources et d'autonomie qu'exige son existence » (1).

Cette formule nous apparaît comme l'expression des conditions minima de la solidarité économique. Cette solidarité qui consiste dans l'interdépendance des agents économiques, et dans la réciprocité des services qui en résulte est un fait constaté et universellement accepté. A l'heure actuelle, le travailleur n'est pas un isolé. Il ne dépend pas seulement des ancêtres plus ou moins lointains qui, par leurs efforts obscurs mais continus, préparèrent l'évolution industrielle.

---

1. M. Millerand a pu dire dans la préface de ses discours : « En tête de ce nouveau code de l'assurance et de la prévoyance sociales, il convient d'inscrire la proclamation du premier des droits de l'homme : le droit à la vie ». Léon XIII posait le même principe dans son encyclique *Rerum novarum*.

Les progrès de la division du travail d'une part, le manque de ressources de l'autre, on fait de lui l'associé nécessaire de ses camarades et de son patron, de telle sorte qu'il est aujourd'hui tout à la fois solidaire et libre. Cette opposition entre sa solidarité et sa liberté est nettement marquée par un italien, Merlino, dans son ouvrage : *Formes et essence du socialisme* : « Le principe de solidarité, nous dit-il, est donc incomplet. Il rencontre des limites dans les principes complémentaires de liberté et de responsabilité. La société doit assurer à tous les hommes la possibilité de travailler, doit venir en aide aux incapables, admettre indistinctement tous ses membres à la jouissance de certains services publics. Les individus doivent s'entr'aider volontairement, dans leurs relations privées. Jusque-là s'étend la solidarité. Mais les hommes doivent aussi sauvegarder leur indépendance et garder la responsabilité de leurs actes ; l'activité économique doit être libre, et la récompense proportionnée au travail » (1).

En France, M. Léon Bourgeois, au Congrès de l'Education sociale tenu à l'occasion de l'Exposition de 1900 et plus récemment dans trois conférences qui furent données en novembre et décembre 1901 à l'Ecole des Hautes-Etudes sociales, a limité avec plus de rigueur encore, la liberté économique par la solidarité. Il a

1. *Op. cit.*, p. 173.

apporté, touchant la question qui nous occupe, des vues très neuves et très pénétrantes. Après avoir défini le régime de la solidarité : « un état nécessaire d'échange de services avec les autres hommes », M. Léon Bourgeois condense sa pensée dans cette formule suggestive : « S'il veut agir en être social, l'homme doit, en bonne justice, de sa propre liberté racheter à tous cette part de lui-même qui lui vient de tous, en consentant sa part dans le sacrifice commun nécessaire pour assurer à tous l'accès aux avantages ou la garantie contre les risques de la solidarité » (1). Mais les collectivistes lui font une objection : « De quel droit, lui disent-ils, arrêtez-vous le règne de l'association au point où vous vous arrêtez? Pourquoi le limitez-vous à la garantie des risques de la solidarité et ne l'étendez-vous pas à la production et à la répartition des richesses ? Pourquoi n'admettez-vous pas la coopération intégrale ? » Après avoir répondu qu'il désire une coopération aussi étendue que possible, Bourgeois continue de la sorte : « Mais il n'y a plus là à nos yeux d'obligation. Cela est bon, cela est utile, cela multipliera la puissance de la production humaine : mais je ne vois pas le principe d'obligation qui permettrait d'imposer aux hommes l'entrée dans ce système de coopération collective. Si les individus librement coopèrent, tant mieux ; mais je ne vois pas

1. *Essais d'une philosophie de la solidarité*, p. 43.

comment au nom de la justice je pourrais les y contraindre, et je ne connais d'obligation possible à imposer aux hommes qu'au nom de la justice » (1).

Cette réponse à l'objection socialiste nous paraîtrait décisive si M. Léon Bourgeois avait nettement distingué l'équité de la justice stricte, et s'il avait limité par cette dernière la liberté économique. Restreindre l'apport de chacun à la mutualisation des risques qui sont le fait de la solidarité, c'est rendre le devoir social moins large qu'avec le socialisme puisque celui-ci l'étend à la coopération intégrale ; ce n'est pas encore nous mettre en présence d'un devoir strict. Il n'est pas du tout prouvé que la limite de nos obligations soit autre que celle des nécessités vitales des membres de notre société. *In dubiis pro minimo standum est,* dirons-nous selon un vieil adage. Aussi M. Léon Bourgeois, avec sa théorie de la mutualisation des risques, nous paraît-il avoir fixé à l'obligation une limite arbitraire, limite d'autant plus difficile d'ailleurs à déterminer que la solidarité se trouve plus ou moins impliquée dans tous les risques et les avantages des travailleurs modernes.

Nous aurons l'occasion de revenir sur ce point capital au début de notre exposé sociologique et moral. Pour le moment, il nous suffira de prendre nettement position dans le débat : La mutualisation est bonne,

1. *Op. cit.,* p. 55.

dirons-nous ; elle est utile, elle constitue même un devoir large dont l'accomplissement incombe aux associations professionnelles. Pourtant, elle ne saurait nous être imposée parce qu'elle ne constitue pas une obligation de justice stricte.

Nous partirons donc, comme d'un postulat économique, de l'hypothèse des conditions minima d'existence pour l'*homo œconomicus*, et nous verrons comment les nécessités vitales du travailleur limitent les droits des membres de la société qui l'entoure.

A la question de savoir quelle propriété ou quelle rémunération (car pour nous ces deux notions ne diffèrent pas essentiellement) est requise pour garantir la liberté du travailleur, nous répondrons : cette rémunération est strictement requise qui permet à l'ouvrier de conserver sa force de travail et le souci de son intérêt personnel.

Avec M. Belot, nous ne pensons pas non plus que la volonté présumée des quasi-contractants de s'assurer contre les risques sociaux puisse, comme le veut Léon Bourgeois, devenir la condition à laquelle doit se conformer tout contrat pour être juste (1). La liberté des travailleurs se porte en effet vers d'autres fins plus nécessaires, et M. Bourgeois est le premier à reconnaître qu'une condition plus rigoureuse est désirable.

En stricte justice, le travailleur ne se trouve lésé

1. *Congrès de l'éducation sociale*, pp. 85 et 89.

dans son contrat que dans le cas où il accepte par la force des choses un salaire insuffisant à son entretien. Fraudes ou ignorance manifeste touchant l'objet de la convention, violences physiques ou menaces de nature à enlever l'usage de la raison, enfin pression morale occasionnée par la crainte de manquer des ressources indispensables, telles sont les conditions qui s'opposent selon les juristes à la validité de tout contrat. Mais le refus de s'assurer contre les risques de la solidarité ne paraît nullement entraîner après soi la nullité du contrat de travail.

Aussi nous garderons-nous de considérer comme destructrices de la liberté du contractant les inégalités naturelles et sociales qui ne ravissent pas au travailleur son droit à l'existence. On conçoit trop souvent la justice stricte sous la forme d'une équivalence mathématique entre l'effort et sa récompense et l'on ne songe pas que cette équivalence est relative à la situation économique des contractants. La supériorité de l'un d'eux résulte souvent du travail antérieur ou de l'apport des ancêtres, des inégalités naturelles inévitables et légitimes dans la mesure où elles ne rendent pas impossible l'existence du travailleur solidaire. Il n'y a pas, à dire vrai, égalité matérielle, mais égalité proportionnelle entre les contractants. Le travailleur se résignera donc à n'avoir que l'indépendance relative que comporte l'humaine condition ; il devra trop souvent se contenter d'un salaire assez minime pourvu qu'il suffise à son entretien et à celui de sa famille, prolongement nécessaire de sa personnalité. A défaut de l'équivalence absolue entre les motifs de la convention, il faut se contenter de la proportionnalité entre l'effort du travailleur et la rémunération qui correspond à l' « étalon de vie de la famille » (1).

« Avez-vous de quoi vivre, demandait un jour Séverine à une de ses lectrices qui lui faisait part de son projet de se rendre à Paris pour écrire comme elle dans les journaux. J'entends par là de quoi manger, de quoi vous vêtir de façon décente, de quoi garder toujours un abri assuré. Ni dessert, ni luxe c'est entendu, mais le plus strict des nécessaires. L'avez-vous ? » (2)

Ce strict nécessaire pour lui-même et pour les siens, l'ouvrier doit l'avoir grâce à son travail. Il ne faut pas que les patrons et les capitalistes d'une part, les groupements professionnels, l'Etat, les concurrents étrangers de l'autre privent le travailleur de ses ressources indispensables. En est-il ainsi dans notre pays à l'heure actuelle ?

Preuve intrinsèque. — La réponse nous est fournie par l'enquête entreprise par l'Office du travail sur ce

1. Cf. *Wealth and Progress*, by Georges Gunton, p. 90, cité par Bureau dans *Le contrat de travail*, p. 145.
2. Cf. *l'Éclair* du 12 mars 1902.

sujet. Voici les résultats généraux auxquels elle aboutit :

« Si depuis 50 ans le salaire a augmenté de 100 pour 100, tandis que le coût d'un même genre de vie n'a augmenté que de 25 pour 100, on peut en conclure que l'accroissement réel de bien-être peut être mesuré approximativement par le rapport des deux chiffres 200 et 125.

Mais on ne peut en rester là. En réalité, les besoins ont augmenté et augmentent constamment, le superflu d'autrefois semble devenu nécessaire, et il importe de considérer combien l'ouvrier dépense aujourd'hui pour la satisfaction des besoins primordiaux de l'existence, par rapport à ce qu'il dépensait autrefois... » (1).

« Si considérant à chaque époque le genre de vie devenu habituel, l'on évalue la somme ordinairement payée par l'ouvrier pour le logement et la nourriture, on constate qu'en cinquante ans cette somme a presque doublé : la dépense réelle de l'ouvrier pour se loger et se nourrir s'est donc accrue dans la même proportion que son salaire. De la comparaison de ces résultats on doit conclure d'abord que le genre de vie pour le logement et la nourriture s'est beaucoup amélioré d'une époque à l'autre. La même conclusion s'appliquerait *à fortiori* en ce qui concerne les objets manu-

1. *Conditions du travail du quart environ des ouvriers de la grande et de la moyenne industrie*, t. IV, pp. 287 et 288.

facturés, l'ouvrier pouvant, on le voit, leur consacrer une somme double, alors que la plupart d'entr'eux ont plutôt baissé de prix.

Cette conclusion est du reste d'accord avec la constatation souvent faite et facile à préciser par des chiffres que la consommation sous une forme ou sous une autre, de beaucoup d'objets de première nécessité, a considérablement augmenté depuis cinquante ans.

En résumé, durant cette période le salaire et les besoins ont progressé parallèlement et le bien-être augmente dans une large proportion. Tels sont, Monsieur le Ministre, les faits les plus saillants que notre étude a permis de mettre en lumière d'une façon indiscutable » (1).

A la question qui nous préoccupe le Bureau de statistique a répondu par le tableau suivant :

1. *Op. cit.*, p. III et IV, Conclusion de M. Moron, directeur du travail. M. Charles Benoist, dans la *Revue des Deux-Mondes*, aboutit pour les mineurs aux mêmes conclusions ; cf. n° du 15 septembre 1902, p. 310 ; voir aussi la *Statistique annuelle* et les *Comptes rendus de la Commission des Douanes* ; Levasseur, *La population ouvrière*, passim, *Histoire des classes ouvrières en France depuis 1789*, 2ᵉ édition ; Hector Denis, *La hausse des salaires coïncidant avec la baisse des prix* ; Leroy-Beaulieu, *Grand traité d'économie politique* ; Liesse, *Le travail* ; P. Beauregard, *Théorie des salaires* ; *Bulletin de l'Office du travail*, passim ; *L'économiste français*, passim ; *La réforme sociale*, passim. Collection des ouvriers des Deux-Mondes (consulter notamment les riches monographies de famille, et les documents de Le Play sur les budgets ouvriers).

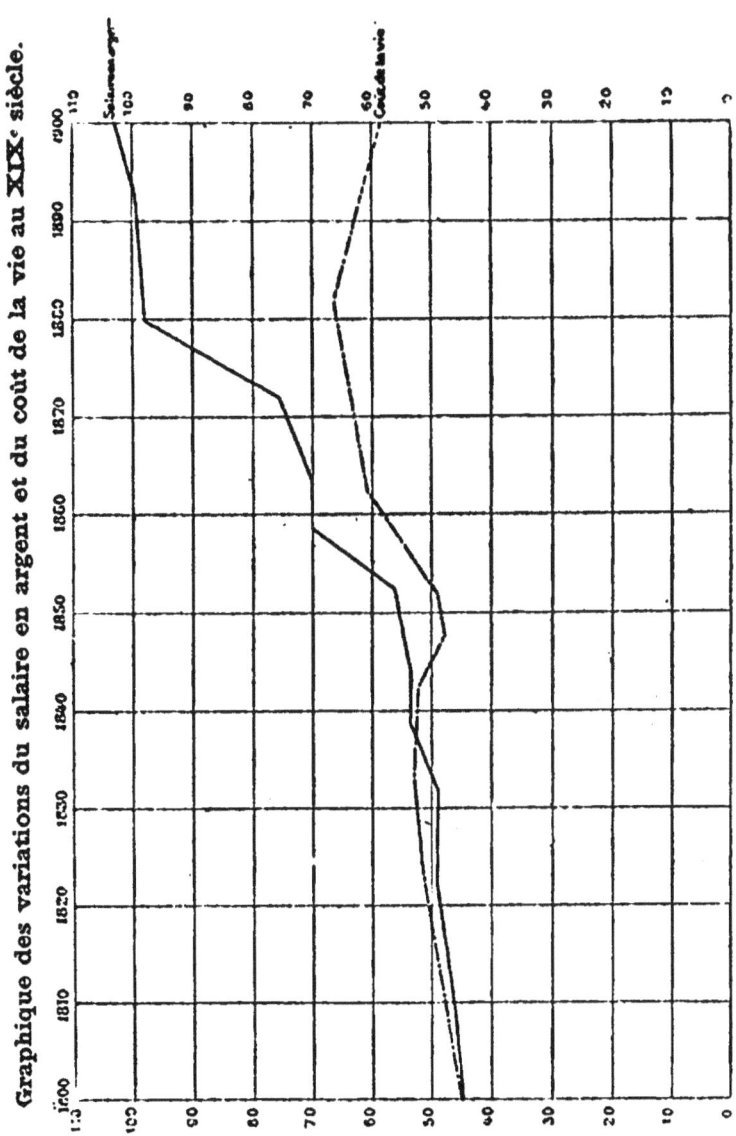

N. B. — Ce graphique a été établi par M. March et le Bureau de statistique. — Il montre que pendant le siècle dernier la hausse du salaire a été de 200 à 250 p. 100., tandis que la hausse des prix n'a pas dépassé et très probablement n'a pas atteint 30 à 40 p. 100,... La hausse réelle des salaires est d'un peu plus des trois quarts 77 p. 100. (*Voir Gide. Rapport de l'exposition*. p. 62, 63.

Les conclusions du directeur de l'*Office du travail* se trouvent confirmées par celle du Bureau de statistique dirigé par M. March.

Il faut donc reconnaître que le travailleur français n'est pas d'une façon normale violenté dans son contrat de « louage de services ».

Preuve extrinsèque. — Pour confirmer la preuve directe que nous venons de donner, nous aurons recours au témoignage des socialistes. Nous partirons d'un fait : l'abandon de la loi d'airain par la plupart d'entre eux. M. Liebknecht a dit au Congrès de Halle à propos de cette loi : « C'est une arme rouillée qu'il faut mettre au rebut ». Le gendre de Marx, M. Paul Lafargue, disait de même : « La loi d'airain générale et inflexible ne peut rendre compte des variations des salaires d'une industrie dans des localités et des pays différents » (1). Jaurès l'a reconnu à son tour : « Le grand capital, s'écriait-il un jour, réduit je ne dis pas au plus bas — je ne crois pas que la loi d'airain soit d'une rigueur inflexible — mais il réduit à un niveau très bas la puissance de consommation de la classe ouvrière » (2).

Dans son récent ouvrage : *Etudes socialistes*, Jaurès est encore plus explicite : « L'essentiel, nous dit-il,

1. Voir Faguet, *Questions politiques*, p. 114.
2. *Revue socialiste*, mars, p. 261 ; *Journal Officiel*, séance du 26 juin 1897, p. 1690, col. 3.

c'est que nul des socialistes aujourd'hui n'accepte la théorie de la paupérisation absolue du prolétariat. Les uns ouvertement, les autres avec des précautions infinies, quelques-uns avec une malicieuse bonhomie viennoise, tous déclarent qu'il est faux que dans l'ensemble la condition économique des prolétaires aille en empirant. Des tendances de dépression et des tendances de relèvement, ce ne sont pas au total, et dans la réalité immédiate de la vie, les tendances dépressives qui l'emportent » (1).

Mais, pour donner à notre démonstration toute la rigueur désirable, mettons pour un instant les choses au pire. Supposons que la loi d'airain soit d'une exactitude absolue : « Le salaire moyen, disait Lassalle, est réduit à ce qui est indispensable à l'entretien de la vie, à ce qui chez un peuple est habituellement nécessaire à la conservation et à la reproduction de l'espèce » (2).

De cette constatation, reconnue pourtant par tous comme pessimiste, il ressort d'une façon évidente qu'à l'heure actuelle la classe des travailleurs n'est pas violentée dans la formation du contrat de louage de services. S'il y a des travailleurs sans ouvrage, ou ne gagnant pas de quoi vivre, de l'aveu de tous ils sont rares. Sans doute, bien qu'il en soit ainsi, il ne faut

1. *Études socialistes.*
2. Lassalle, *Sämmtliche Reden und Schriften* publiés par Georg. Hotschick, New-York, vol. 1, pp. 36, 37.

pas moins gémir sur la situation qui leur est faite. Tous sont dignes de notre commisération, la plupart de notre aide, car il n'est que trop vrai qu'il y a dans le monde « des misères imméritées ». Il faut donc organiser le monde du travail de manière à augmenter le bien-être général. Gardons-nous cependant d'incriminer le régime de la liberté économique. Poussé à l'excès, il devient le laisser-faire illimité, source du malaise social actuel. En lui-même, cependant, il n'est pas foncièrement mauvais puisque l'inégalité de condition, tout en rendant plus lourde la tâche de la classe ouvrière ou paysanne, n'est pas assez grande pour ravir sa liberté. Perfectionné enfin comme les progrès de la civilisation l'exigent, le régime du travail libre sera pour le pays une source de relèvement matériel et moral.

Mais l'argumentation collectiviste se poursuit non moins pressante : « L'ouvrier n'est pas libre, nous dit-on, s'il n'est propriétaire ». Un sophisme se cache sous cette affirmation. Il consiste dans une confusion entre la liberté et le bien-être qui résulterait du règne de la justice parfaite.

La naissance d'un individu dans une société ne fait pas de lui un propriétaire de droit, mais un associé qui doit pouvoir se procurer les ressources nécessaires pour vivre. A la formule socialiste qui précède nous opposerons la formule solidariste : « Nul n'est libre s'il ne peut avoir accès à un minimum de propriété ». Telle est la condition nécessaire et suffisante de la liberté.

Or, la jouissance du produit intégral de son travail ne saurait être prise pour ce minimum. L'essentiel de la propriété envisagée comme garantie de la liberté du travail, c'est évidemment la rémunération suffisante pour son entretien.

S'il est vrai, comme nous l'avons constaté plus haut, que cette rémunération est normale dans notre France contemporaine, il est permis de conclure que la liberté concrète du travailleur par rapport aux patrons et aux capitalistes est de nos jours encore vivante.

Vivante, elle ne l'est pas moins si nous la considérons dans ses rapports avec les syndicats professionnels, l'Etat, et même les concurrents étrangers. Sans doute le travailleur français a pu voir aujourd'hui la lutte pour le pain revêtir un caractère nouveau d'acuité par suite de la concurrence étrangère. S'il gagne cependant, sous un régime aussi meurtrier, largement de quoi se suffire, c'est que beaucoup de nations ne sont pas encore civilisées, et un pays à demi organisé, abondamment pourvu comme le nôtre, l'emportera facilement sur des adversaires désorganisés. Aussi de ce point de vue la liberté du travailleur français ne paraît-elle pas sérieusement en danger. Elle le serait davantage par suite des progrès industriels et agricoles réalisés par les Etats-Unis, l'Angleterre, l'Allemagne qui sont déjà pour la France des rivaux très redoutables et qui demain peut-être seront les maîtres du marché économique.

En danger, la liberté du travail ne l'est pas encore dans notre pays du fait de l'Etat. Pressé d'intervenir de sa propre autorité dans la discussion du contrat de travail pour fixer un minimum de salaire, M. Waldeck-Rousseau, alors président du Conseil, ne s'en est pas reconnu le droit. Sous son ministère, il est vrai, M. Millerand, en sa qualité de ministre du commerce, institua des Conseils du travail. Mais leur constitution et leur but qui furent précisés dans le décret du 28 septembre 1900, montrent que le travailleur peut beaucoup attendre de cet organisme nouveau du travail. Depuis cette date, deux projets sur l'arbitrage et la grève obligatoire ont été déposés par MM. Waldeck-Rousseau et Millerand (1). Ils ont donné lieu à des

1. Millerand, Discours. « Le moment n'est pas éloigné, « j'en ai la confiance, où l'on se rendra compte qu'il est de « l'intérêt général que le monde des travailleurs ne soit pas « organisé seulement en dehors de l'usine. Le projet de loi « sur le règlement amiable des différends du travail, dont « j'ai pris l'initiative, a pour but précisément de substituer à « la cohue inorganique des travailleurs de la moyenne et de « la grande industrie livrés dans la guerre — je veux dire la « grève — comme dans la paix à tous les entraînements, une « organisation méthodique qui fasse des ouvriers de chaque « usine un groupe ordonné, représenté par des délégués réguliers, en relations habituelles et normales avec la direction, « apte à prendre des résolutions délibérées et réfléchies ». Préface des discours.

appréciations bien diverses, mais on ne saurait douter que le législateur ne se soit préoccupé de garantir la liberté. Le travailleur qui ne veut pas d'un établissement soumis au nouveau régime a trois jours pour se retirer s'il en fait partie, et, dans le cas contraire, ne cherche pas à y entrer. Ainsi on ne saurait accuser l'Etat français d'avoir mis en danger la liberté du travailleur.

L'attitude de certains syndicats entrant en guerre contre les travailleurs isolés, ou encore contre les syndiqués qui se retirent, paraît plus inquiétante. Il ne faut pas, avons-nous dit au début de cet exposé, que les patrons et les groupements professionnels exercent sur les travailleurs une pression morale de nature à les contraindre à accepter un salaire inférieur et à leur faire subir de la sorte une restriction de l'initiative économique.

M. Lacombe l'a très bien montré : « Une société basée sur le principe socialiste serait un milieu d'où la responsabilité économique aurait disparu. Or, la création de la richesse économique s'est opérée presque absolument sous l'aiguillon de la responsabilité : cela est de toute évidence. Si vous brisez l'aiguillon, travaillera-t-on encore? On peut admettre que toute activité ne disparaîtrait pas ; on doit admettre qu'elle baisserait » (1).

1. *De l'histoire considérée comme science*, pp. 398-408.

L'action syndicale a-t-elle enlevé à l'ouvrier français son minimum d'initiative et son droit à l'existence? Il ne le semble pas. Trop souvent encore des syndicats de guerre, pour nous servir de l'expression de M. Bureau, ont usé de représailles envers les patrons, les directeurs de compagnie, les ouvriers dissidents. Des travailleurs avaient été lésés parce qu'ils faisaient parti d'un syndicat. Les syndiqués répondirent en exigeant le renvoi de certains ouvriers isolés, ou en recourant à la grève. Telle est en résumé l'histoire des syndicats pendant leur première période. Mais lorsque les syndicats ont quelques années d'existence, il est constaté que s'ils savent s'affranchir de la domination des meneurs politiques, ils deviennent des organisations pacifiques pour la défense des intérêts matériels de la classe ouvrière. A considérer dans leur ensemble les syndicats français, une impression se dégage : Les cas où les groupements ont l'intention de nuire aux travailleurs isolés par la pression morale exercée sur les patrons ou directeurs sont relativement rares. Les violences exercées dans les grèves sur les ouvriers dissidents sont le plus souvent réprimées. Enfin les travailleurs syndiqués représentent seulement les 16/100 des travailleurs français. Aussi vives que soient ses blessures, il est incontestable que la liberté du travail n'est pas morte.

Assurément le malaise est grand, et nous ne chercherons pas à l'atténuer. La liberté est menacée d'une part par le syndicat de guerre, de l'autre par les patrons qui abusent de leur supériorité économique. Ne devons-nous pas nous opposer aux violences dont les ouvriers dissidents sont victimes lorsqu'ils refusent de renoncer à leur indépendance ? Ne devons-nous pas gémir de rencontrer dans un pays civilisé comme le nôtre des ouvriers sans travail et d'autres sans rémunération suffisante ? Je sais bien qu'ils sont peu nombreux ; mais il faudrait qu'à l'avenir il n'y en eût plus. Tous les travailleurs de France devraient avoir la possibilité de se procurer le nécessaire. Le contrat de travail, ne l'oublions pas, est sans valeur s'il y a, comme le disait dans une brochure récente M. Henry Michel, trop d'inégalités au point de départ des destinées individuelles (1).

Si la justice stricte est rarement violée sans répression légale dans la société actuelle, il faut reconnaître que l'équité est le plus souvent sacrifiée. Pour la faire régner, il faudrait que le travailleur perçût le produit intégral de son effort. Or, il est de toute évidence qu'il n'en est pas ainsi. C'est moins la faute des patrons et des capitalistes que celle de l'état d'anarchie dans lequel se trouvent à l'heure actuelle notre industrie, notre commerce et notre agriculture. Nous pourrions à ce point de vue reprendre à notre compte les

1. Henry Michel, *La doctrine politique de la démocratie*, pp. 48 et 49.

critiques de Bourgeois, Deschanel, Brentano, Bureau et tant d'autres sur l'imperfection de notre contrat actuel de travail. Mais les observations qui précèdent nous permettent de conclure que, soit au point de vue de l'équité, soit aussi à celui de la stricte justice, une réorganisation du travail national s'impose pour défendre la liberté économique contre les envahissements du capital d'une part, des syndicats de l'autre. Le solidarisme que nous adoptons répond à ce double besoin de reconstruction.

Indiquons maintenant, en tenant compte des projets les plus récents, les mesures qui paraissent de nature à sauvegarder la liberté du travailleur.

Puisque nous sommes partis de la situation d'associé nécessaire dans laquelle il se trouve, la question doit, à notre avis, se poser de la sorte : Quelle forme doit prendre le syndicat professionnel pour libérer le travailleur ?

Hâtons-nous de dire que l'association professionnelle dépourvue de toute personnalité civile est absolument insuffisante. Elle atténuerait sans doute le malaise social en décuplant par le groupement la force de chaque associé. Mais la cause du mal ne disparaîtrait pas. La quotité de la rémunération serait encore trop à la merci du capitalisme qui se coaliserait à son tour. C'est d'une entente pour la solution pacifique de la question du salaire et des problèmes connexes que procédera la solution désirée. Or, comment cette entente aurait-elle la moindre efficacité si les arbitres nés des ouvriers et des patrons, ou pour mieux dire les chefs élus des Conseils de travail, ne jouissaient pas de par la loi du pouvoir de décider en la matière, lorsque le patron d'une part, et la majorité des travailleurs de l'autre, sont de cet avis?

Mais si nous repoussons l'association libre comme insuffisante ce n'est pas pour revenir à la théorie de la coopération obligatoire avec propriété collective comme moyen d'action. Nous avons vu dans notre critique de la liberté d'après Jaurès qu'une telle solution ne s'imposait pas à notre génération.

En dehors de cette théorie et de celle de Léon Bourgeois sur la mutualisation des risques sociaux, trois autres restent possibles :

1° le système de Boncour sur le syndicat obligatoire avec propriété privée à la base ;

2° la solution de Raynaud qui se borne à rendre obligatoire la forme du contrat collectif ;

3° la solution de Prins (organisation de la liberté par la personnalité civile et juridique accordée aux associations professionnelles dans des limites déterminées). C'est cette dernière théorie que nous adoptons.

Théorie de Boncour. — Dans la préface de la deuxième édition du Fédéralisme économique, M. Boncour nous explique le sens de ces mots « syndicat obligatoire » ou « souveraineté syndicale ». « C'est nous dit-il, le droit non pas d'exercer le monopole du métier, mais seulement de régler les conditions d'exercice d'un métier dont l'entrée reste libre » (1). Telle est la différence essentielle qui distinguerait le syndicat obligatoire de la corporation de l'ancien régime. Mais les ressemblances seraient nombreuses. Voyons à l'œuvre notre groupement. Il est vraiment omnipotent : « C'est un groupement dont l'entrée est libre mais qui exerce sa souveraineté sur ses membres, leur impose ses décisions, et force à s'y soumettre même ceux qui restent en dehors du groupement » (2). M. Boncour compare ensuite le syndicat obligatoire au groupement territorial (commune, département, etc.). En se fixant sur le sol de telle commune ou de telle nation on se soumet par le fait aux mesures législatives qui y sont en vigueur. Il en est de même pour le travailleur qui entrerait dans un atelier d'une région industrielle de la France. Il devrait obéir aux règlements de cet atelier.

M. Boncour réclame donc pour les syndicats « le droit de fixer, en dehors de tout arbitrage, les conditions du travail pour l'industrie et la région qu'ils représentent » (3). Il ne lui suffit pas de subordonner la minorité ouvrière à la majorité au sein de l'atelier,

1. *Op. cit.*, Préface, p. IX.
2. *Op. cit.*, p. 148.
3. *Op. cit.*, p. XXI.

ce qui serait admissible. Il étend la loi des majorités au métier et à la région de façon à dresser en face de la puissance patronale la souveraineté syndicale. Il se sert de l'interdiction de travail contre les non-syndiqués ou les dissidents comme de l'arme légale qui amènera la prochaine conquête du monde économique.

Nous écarterons cette solution pour deux motifs : d'abord, il semble que ce n'est pas en organisant la lutte des classes, même au profit des travailleurs par la mise en pratique de l'interdition, qu'on aboutira à une solution pacifique. « Dans ce système, a dit M. Raynaud, ce seraient les patrons les moins aisés ...qui succomberaient devant la force immense des ouvriers coalisés » (1). On substituerait, en effet, au mépris des droits acquis, la supériorité économique des syndicats à celle des propriétaires actuels. Le remède serait pire que le mal. Un second motif de repousser la théorie de M. Boncour provient de notre méthode rigoureuse. Le syndicat obligatoire n'est pas indispensable pour assurer au travailleur le minimum d'existence. Sur ce point encore, notre manière de voir est celle de M. Raynaud. N'a-t-il point écrit dans son contrat de travail à propos du syndicat obligatoire : « Le principe sur lequel il repose est exclusivement un principe d'utilité sociale et non un principe de justice sociale ;

---

1. Raynaud, *Le contrat de travail*, p. 316.

à cet égard il ne trouve pas la base assez solide pour conclure à la contrainte? » (1) Voilà justement l'objection que nous ferons à M. Raynaud lui-même dans la discussion de sa théorie de la forme collective du contrat rendue obligatoire. Nous sommes, en effet, résolus, conformément à nos vues sur l'*homo œconomicus*, à réclamer seulement les mesures exigées par la nécessité sociale la plus stricte.

Théorie de M. Raynaud. — Dans la jurisprudence française, M. Raynaud l'a très bien montré, le contrat collectif n'existe pas. Il apparaît cependant dans notre législation sous la forme de projets dont les plus importants sont : le projet déposé le 26 novembre 1895 par M. Goblet pour rendre obligatoire l'emploi de conventions écrites à l'occasion de l'embauchage des ouvriers, et celui de Waldeck-Rousseau-Millerand sur « la grève et l'arbitrage obligatoires » (15 novembre 1900). Le point capital de cette réforme est celui-ci : « Les majorités, en principe, lient les minorités dans les questions concernant le travail ». Voici, en substance, les dispositifs du projet. Si le patron et la majorité des ouvriers d'un établissement occupant *au moins cinquante personnes* acceptent l'arbitrage permanent et l'emploi du contrat collectif, la minorité peut se retirer mais, après un délai de trois jours, elle

---

1. Raynaud, *op. cit.*, p. 315.

est considérée comme acceptant ces conditions de travail (1).

« Sans doute, dit à ce propos M. Raynaud, appréciant l'esprit de ce projet, peut-être convient-il de remarquer que tout en respectant cette liberté, la loi la restreint quelque peu: car l'ouvrier qui ne voudra pas du contrat collectif et de la forme contraignante des décisions majoritaires, ne pourra se faire embaucher dans l'établissement considéré. Mais c'est peut-être là un de ces sacrifices nécessaires qui rendra indispensable l'établissement d'un régime pratique du contrat collectif » (2). Ailleurs M. Raynaud porte cette appréciation que nous approuvons pleinement: « Il y a un moment où l'intérêt général doit l'emporter sur l'intérêt particulier; est-ce dès le début, comme le veut le projet; n'est-ce au contraire que plus tard quand la volonté individuelle s'est librement fondue avec l'intérêt commun (3). M. Raynaud préfère ce

1. « Cette solution n'entraîne aucun des deux inconvénients « signalés par M. Gide » (Rapport sur l'Exposition de 1900, Économie sociale, p. 50). « Elle ne livre pas partout l'*indi-* « *vidu à la décision des majorités, ni la majorité au bon* « *plaisir d'une minorité rétrograde* ». « La grande indus- « trie, ajoute M. Gide (en entendant par là les établissements « qui occupent plus de 50 ouvriers), ne possède qu'une pro- « portion infime d'établissements... mais occupe néanmoins « plus d'un tiers (36 p. 100) de la population ouvrière ». Gide, Rapport..., p. 295.
2. *Le contrat de travail*, p. 343.
3. Cf. op. cit., p. 341.

dernier moyen, mais il approuve pleinement l'intention des auteurs du projet: promouvoir en France le contrat collectif.

Jusqu'ici nous sommes d'accord avec M. Raynaud. Mais il y a dans sa réforme un point essentiel à propos duquel nous croyons devoir nous séparer de lui.

De deux choses l'une, nous dit-il, ou bien les patrons passeraient avec les syndicats des contrats collectifs volontaires, et ces contrats auraient force de loi une fois acceptés par les deux parties, ou bien les patrons ne voudraient pas et alors on prendrait le contrat collectif légal dont les conditions minima auraient force de loi » (1). Cette dernière disposition, hâtons-nous de le dire, ne s'impose pas. Nous avons reconnu à l'Etat le droit et même le devoir d'intervenir pour encourager l'organisation professionnelle et généraliser le contrat collectif (2). Mais il nous paraîtrait sortir de ses attributions en imposant le contrat collectif légal avec des conditions de travail minima malgré l'opposition d'une des deux parties intéressées, qu'il s'agisse des patrons ou des ouvriers peu importe. N'avons-nous pas constaté que l'ouvrier obtenait en France un minimum de subsistances suffisant à son entretien et à celui de sa famille? Standart of life

---

1. *Op. cit.*, pp. 318 et 319.
2. Avec le contrat collectif, l'ouvrier se sent soutenu dans la défense de ses intérêts professionnels par le syndicat qui discute avec le patron pour la fixation du salaire.

of family, avons-nous dit à la suite de Gunton. N'avons-nous pas limité l'intervention obligatoire de l'Etat au maintien du droit de l'existence? Il est donc vrai que M. Raynaud va encore un peu trop loin dans la voie de l'obligation et que son système ne nous met pas en présence de ce minimum qui doit rallier selon ses propres expressions l'unanimité des suffrages » (1).

Théorie personnelle. — La troisième solution que nous allons indiquer en nous inspirant de l'ouvrage de Prins sur l'organisation de la liberté et de plusieurs projets récents sur ce sujet tient dans une formule qui nous paraît répondre aux besoins actuels de notre industrie et de notre agriculture. A cette question : Quelle forme doit prendre l'association professionnelle pour rendre le travailleur libre et solidaire, nous répondons : L'*association* ouverte à tous, organisée pour la défense des intérêts économiques, jouissant de la personnalité civile et de la compétence juridique en la matière, recourant au contrat collectif et à l'arbitrage obligatoire avec l'assentiment des directeurs de l'entreprise et de la majorité des ouvriers, usant de la mise en interdit contre les dissidents lorsque leur séparation empêcherait l'observation des conditions du travail qui correspondent aux nécessités vitales, se rattachant aux associations similaires de la

1. *Op. cit.*, p. 313.

même région (qu'elle s'appelle groupement professionnel, coopérative ou syndicat, peu importe,) cette association dis-je est la forme sociale cherchée.

Nous aurons l'occasion de préciser les principaux points de cette formule en faisant la théorie du nombre de cette association, c'est-à-dire du travailleur libre et solidaire.

Le travailleur de l'avenir. — Dans le régime de la liberté solidaire l'ouvrier pourra toujours choisir son métier et son patron. Il devra sans doute entrer en relation le plus souvent avec des collectivités. Mais il ne sera pas pour cela gêné dans son choix. Dans la même localité ou dans le voisinage il trouvera plusieurs associations de sa profession. Les institutions nouvelles qui naissent pour lui procurer les moyens de trouver de l'ouvrage se perfectionneront en se généralisant. Dans chaque canton les bureaux de placement ou les Bourses du travail qui paraissent être appelées à les remplacer (1), se tiendront sans cesse en relation avec les autres organisations similaires de la région. De la sorte les Bourses seront en mesures d'indiquer aux

---

1. « Dans le plus grand nombre des cas, disait Pelloutier, « dans son *Histoire des Bourses du Travail*, les ouvriers d'une « même ville ont plus d'intérêts communs que les ouvriers « d'une même profession habitant des villes éloignées ». Aussi les Bourses rendront-elles plus de services que les fédérations.

travailleurs sans emploi les offres d'embauchage. Elles leur fourniront de plus le viaticum, ou indemnité de route qui leur permettra de rejoindre leur poste. La production cessant d'être anarchique, le chômage deviendra plus rare ; il sera de même rendu moins douloureux par l'entrée de l'ouvrier dans des associations de prévoyance (assurances contre le chômage, caisses d'épargne, etc.) et surtout dans les coopératives de consommation et de production.

« L'association, a dit excellemment M. Faguet, brise la loi d'airain ou du moins en adoucit singulièrement la rigueur (1). Elle ne donne pas seulement à l'ouvrier comme l'a très bien montré M. Gide, la faculté de consommer l'équivalent exact de son salaire, d'exercer son droit de suffrage professionnel, de se retirer de l'association qui lui déplaît ou de recourir à la grève. Elle est surtout, à nos yeux, le moyen normal d'assurer à l'ouvrier ou au paysan la garantie matérielle de sa liberté, c'est-à-dire l'ouvrage suffisamment rémunéré.

Le travail organisé étant plus rationnel que le travail anarchique des peuplades sauvages et même de la plupart des nations civilisées doit fatalement l'emporter sur celui-ci. Aussi la nation qui, la première, saura librement organiser le travail, ne se soustraira pas seulement aux meurtrissures de la loi d'airain ;

---

1. *Questions politiques,* Le socialisme en 1899, p. 229.

pour longtemps elle s'assurera la prééminence économique dans le monde.

Pourquoi notre agriculture traverse-t-elle à l'heure actuelle une crise redoutable? C'est que le paysan français est un isolé qui n'a pas encore secoué la routine des siècles. Il est trop méfiant pour entrer tout de suite dans un syndicat agricole. Auparavant il veut voir si l'expérience réussit. En attendant il a recours pour la conquête du pain à des procédés primitifs si nous les comparons aux méthodes de culture appliquées aux Etats-Unis ou en Angleterre. Toutes proportions gardées, le champ du paysan français n'est pas seulement moins exigu que celui de l'agriculteur américain. Il est surtout bien moins cultivé, à cause du manque de bras, du peu d'extension de nos syndicats agricoles, de l'impossibilité pour le petit propriétaire de se procurer l'outillage et le crédit nécessaires (1). Le jour où la science aura persuadé au paysan français qu'il y va de son bien-être de s'associer pour l'achat des engrais, l'acquisition des machines et la vente des produits, ce jour-là elle n'aura pas seulement conjuré une crise. Du même coup, elle aura sauvé la liberté économique du paysan (2).

1. Congrès de l'éducation sociale, Rapport de M. Charles Rist sur les syndicats agricoles, pp. 242-270.
2. Rapport de M. Ragnier avec introduction d'Eugène Rostand, pp. 280 et suiv.; voir aussi Rapport de l'Exposition par M. Gide, pp. 315-331. Les avantages du syndicat agricole sont indiqués très nettement dans cette dernière étude.

La rémunération nécessaire, condition ou garantie de la liberté de l'ouvrier. — L'association professionnelle limitée n'est pas moins nécessaire à l'ouvrier en quête d'un travail rémunérateur. « Le principe de la discipline nouvelle, a dit H. Depasse, consiste expressément en ceci que la règle du travail au lieu d'être imposée d'en haut naît du travail lui-même, et au lieu d'être arbitraire et empirique devient comme une loi de la nature des choses » (1). Chaque groupement d'ouvriers se fera selon les professions dans les diverses villes sous l'impulsion et avec les encouragements de l'Etat. Celui-ci ne saurait tarder davantage à abandonner aux associations professionnelles les droits de posséder, d'acquérir, de s'administrer, de prendre enfin des décisions ayant force de loi dans les limites du groupement. Pourquoi ne reconnaîtrait-il pas à ces organismes spontanés du travail le caractère juridique qu'exige leur nécessité sociale ? (2) Sous l'action bienveillante de l'Etat, les ouvriers s'associeront pour la défense de leurs intérêts, ils se mettront en relations avec les patrons ou directeurs du travail pour la fixation des salaires notamment. C'est par une discussion pacifique entre les patrons d'un côté, les représentants des ouvriers de l'autre que se fera l'accord néces-

1. *Revue Bleue*, n° du 9 novembre 1901, p. 579.
2. Prins, *Organisation de la liberté, passim* ; Congrès de l'éducation sociale, Organisation des travailleurs, par Auguste Keufer, p. 230.

saire. Ne faut-il pas tenir compte d'une foule de circonstances : bénéfices généraux de l'entreprise, apport des patrons et des capitalistes, capacité professionnelle, vaillance des travailleurs, etc. ? Il n'y a pas, à dire vrai, pour le salaire une solution qu'il soit possible d'appliquer à tous les travailleurs. Ce problème comporte autant de solutions qu'il y a de salariés. Aussi ne peut-il être résolu que par l'association et sur place.

« Seules, nous dit Durkheim (1), les corporations re-
« constituées sont assez voisines des faits, assez direc-
« tement et assez constamment en contact avec eux
« pour en sentir toutes les nuances, et elles devraient
« être assez autonomes pour pouvoir en respecter la
« diversité. C'est donc à elles qu'il appartient de pré-
« sider à ces caisses d'assurance, d'assistance, de
« retraites dont tant de bons esprits sentent le besoin
« mais que l'on hésite non sans raison à remettre
« entre les mains si puissantes et si malhabiles de
« l'Etat, à elles également de régler les conflits qui
« s'élèvent sans cesse entre les branches d'une même
« profession, de fixer mais d'une manière différente
« selon les différentes sortes d'entreprise les condi-
« tions auxquelles doivent se soumettre les contrats
« pour être justes, d'empêcher au nom de l'intérêt

---

1. Durkheim, *Le suicide*, p. 437 et Préface de la deuxième édition de la *Division du travail*.

« commun les forts d'exploiter abusivement les fai-
« bles, etc. ».

Première limitation de la liberté du travailleur (travailleur et patron). — Au sein de l'association professionnelle, nous allons voir les libertés du travailleur et du patron se limiter en s'opposant. L'association est le lieu social où se combineront les intérêts en conflit. Ils ne sont pas en effet inconciliables. Il peut très bien se faire qu'une rémunération suffisante revienne aux deux parties intéressées. Les nécessités vitales du travailleur et le bénéfice légitime du patron peuvent être sauvegardés, et doivent l'être. Nul ne peut, en effet, contraindre le patron à se ruiner en faisant travailler. L'ouvrier peut recourir à l'arbitrage d'abord, à la grève ensuite. Mais en aucun cas, on ne saurait imposer au patron des conditions de travail autres que celles qui sont exigées par les nécessités vitales de l'ouvrier. Or, nous avons constaté plus haut que ces conditions minima sont normales dans notre pays. Dans le régime nouveau de l'industrie, le patron pourra encore, sans violenter les travailleurs, choisir ses ouvriers, les rétribuer sous la forme du salaire, les renvoyer s'ils s'acquittent mal de leur tâche, ne pas les reprendre s'ils abandonnent le chantier, fermer l'atelier s'ils se mettent en grève. C'est son droit strict assurément. Mais le plus souvent il n'en usera point et à l'état de guerre entre ouvriers et patrons succédera la paix sociale. Le patron lui-même changera de nom tandis que se fera l'accord nécessaire. Il deviendra le directeur ou l'actionnaire de l'association. Le salarié subira, lui aussi, insensiblement une transformation profonde. Il deviendra l'associé volontaire de l'entreprise, le coopérateur qui percevra une rémunération suffisante et participera aux bénéfices. M. Millerand l'a dit avec raison : « Les associations de production ne sont que la floraison des syndicats » (1). Nous avons des motifs d'espérer que l'extension dans notre pays des associations professionnelles ou syndicats libres amènera une amélioration progressive de la classe ouvrière. Le syndicat deviendra une coopérative de production dont les ouvriers seront à la fois *les actionnaires et les employés*. Cela se fera le jour où l'ouvrier apportera à l'association le capital qui manque « grâce au boni des sociétés coopératives de consommation ». Il sera alors possible d'obtenir les résultats merveilleux décrits par M. Andler dans ses deux articles sur le Rôle social des coopératives (2). Grâce à la fédération des coopératives d'achat et des coopératives de production (paysannes et urbaines), la question sociale sera résolue pacifiquement. Voici donc ce qui se passera dans nos campagnes : « Les coopératives de consommation se procureront elles-

1. Congrès international de l'éducation sociale, p. 293.
2. *Revue de métaphysique et morale*, nos de janvier et juillet 1900.

mêmes dans les pays où la culture est du meilleur rendement, les terres nécessaires. Elles les feront cultiver par des ouvriers rétribués par elles et dont elles exigeront en retour qu'ils consomment leurs marchandises » (1). Les dangers de la coopérative de production seront de la sorte écartés : « Il n'est pas à craindre, nous dit M. Andler, que les ateliers coopératifs manquent de clients puisqu'ils ne sont édifiés que pour les besoins d'une clientèle connue d'avance et sûre. Il n'est pas à craindre que les ateliers exploitent leur clientèle, puisque c'est leur clientèle qui les occupe et les contrôle. Il n'est pas à craindre non plus que la clientèle exploite les ouvriers qui travaillent pour elle, car la coopérative d'achats, composée d'ouvriers syndiqués, accordera à tous ses ouvriers le salaire syndical ; et elle a intérêt à payer de forts salaires pour augmenter le pouvoir d'achat de ses ouvriers qui sont en même temps ses clients » (2). Mais de tels résultats, ne l'oublions pas, seront la conséquence de l'extension de la coopération volontaire. Pour produire ses heureux effets, la coopération suppose la convergence des efforts de tous. Il faut donc créer chez les travailleurs cet état d'esprit qui les porte à accepter et sur-

---

1. *Revue de métaphysique et morale*, p. 131 ; M. Gide, (dans son Rapport, p. 293), comprend de même la solidarité qui doit exister entre les coopératives de consommation et de production. Voir aussi *op. cit.*, p. 91.

2. Art. cités, p. 131 ; voir aussi pp. 133, 134, et 488-491.

tout à vouloir comme une nécessité résultant de l'ordre social, l'organisation professionnelle.

Deuxième limitation de la liberté (rapport des travailleurs entr'eux). — Les libertés des travailleurs se limitent aussi entr'elles. Le syndiqué ne saurait être persécuté comme tel sans violation de la loi de 1884. Mais l'ouvrier qui veut rester isolé ne doit pas non plus être violenté. Nous ne considérons pas comme une atteinte à la liberté la mise en interdit lorsqu'elle est employée pour la défense des intérêts professionnels. Cette mesure est à nos yeux une conséquence du droit de grève. Si cependant l'intention de nuire au travailleur dissident était suffisamment manifestée, la mise en interdit constituerait un délit civil. Il y aurait en effet dans ce cas « exercice abusif d'un droit ». Il en serait de même si la poursuite de l'ouvrier dissident par le syndicat était tellement acharnée et meurtrière qu'elle eût pour effet certain de priver ce malheureux de tout moyen d'existence (1).

Pas plus que l'interdiction du travail, le récent projet sur l'arbitrage obligatoire ne nous paraît exclure la liberté économique. Si la majorité d'un syndicat accepte la forme collective du contrat et se prononce

1. Boncour, *La fédération économique*, passim. Le boycottage ou la mise à l'index peut s'exercer non seulement à l'égard des personnes, mais aussi pour les marchandises. La mise à l'index a pour contre-partie le label, ou étiquette syndicale sur les articles conformes aux tarifs.

pour l'arbitrage professionnel, l'ouvrier dissident a trois jours pour se retirer. Il peut entrer dans un syndicat libre et l'emporter au point de vue des conditions économiques sur les syndiqués dont il s'est séparé. Le dérangement qui lui est ainsi occasionné paraît suffisamment nécessité par le devoir pressant qui s'impose à l'Etat d'organiser le travail.

Plaçons-nous maintenant dans le régime de l'industrie organisée. Une noble émulation anime les ouvriers des divers groupements. Ils s'abstiennent de toute violence, de toute fraude à l'égard de leurs camarades et apportent à l'association le concours indispensable. A la concurrence meurtrière, les travailleurs associés imposent comme limite non plus les nécessités vitales de leurs camarades, mais les nécessités humaines dans le sens le plus large du mot ; ils cherchent leur intérêt propre, leur développement intégral dans le plus grand bien de l'association. M. Bureau l'a très bien dit dans une note qui rend bien notre pensée : « A tout prendre, même sous le régime de la loi des salaires et du contrat individuel de travail, il y a toujours un taux minimum..... Le propre de l'action syndicale consiste seulement à maintenir plus haut ce taux minimum, en décidant qu'il ne sera plus déterminé par le degré de misère que le salarié peut supporter, mais par la quantité de subsistances qui est nécessaire à l'homme pour maintenir et développer toutes ses facultés » (1).

1. Bureau, *Le contrat de travail*, pp. 264 et 225.

Grâce à l'amélioration du bien-être général, fruit de la convergence des efforts de tous, l'enrichissement des uns n'entraînera pas la misère des autres. Tous participeront à une rémunération plus grande.

Troisième limitation de la liberté (le travailleur et l'Etat). — S'il arrivait cependant que le travailleur fût impuissant à se procurer les moyens de vivre, il serait du devoir de l'Etat d'intervenir en sa faveur (1). Il défendrait de la sorte le droit à l'existence de l'ouvrier vaillant mais misérable. M. Renouvier dans sa *Nouvelle monadologie* trace ainsi au gouvernement sa ligne de conduite : « Si la révolution dans les conditions du travail devait se faire par la voie politique, il serait indispensable que le gouvernement provoquât et n'autorisât pas seulement les associations, qu'il vînt à leur aide par des subventions, par une surveillance spécialement organisée et par des règlements, durant une première époque d'initiation du nouveau régime » (2).

Ce sont ces mêmes principes qui nous dirigeront dans la délimitation de la liberté du travail par l'Etat.

1. M. Gide dans son Rapport (pp. 48-51 et 113-124) a très bien montré comment il ne faut pas trop se défier de l'État, mais au contraire attendre beaucoup de lui.
2. *Nouvelle monadologie*, p. 392. Avec M. Gide (Rapport, p. 245), nous croyons que l'Etat français devrait — comme cela se fait en Belgique — réserver de préférence ses subventions à ceux qui ont fait acte d'initiative.

Pour l'accomplissement de sa tâche quotidienne, le gouvernement dispose de ressources spéciales. Sa charge de directeur des travaux publics (communaux, départementaux ou nationaux) fait de lui le roi des patrons. L'état social moderne en créant pour l'Etat un nouveau devoir, lui fournissait aussi les moyens de le remplir.

Pourquoi n'accueillerait-il pas de préférence dans ses chantiers les concurrents malheureux dans la lutte pour le pain? (1) Pourquoi n'étendrait-il pas les mesures de protection prises en faveur de l'ouvrier, et inscrites dans le cahier des charges des entrepreneurs à la suite du décret d'août 1899? Il ne saurait lui suffire d'assurer à son employé plus ou moins immédiat un salaire minimum dans les services d'Etat ou les adjudications officielles. Il a le devoir de décharger les faibles des impôts qui les accablent et de leur assurer de l'ouvrage par l'exécution de grands travaux d'utilité publique comme le serait chez nous le canal des Deux-Mers.

Une telle intervention de l'Etat patron ne suffirait pas encore. Le véritable remède est plus haut. Il consiste dans l'organisation rationnelle du travail, dans le groupement organique des forces vives d'un pays.

1. En 1901, d'après le *Bulletin du travail*, 589 municipalités réparties en 69 départements ont organisé des travaux de secours contre le chômage et distribué 1.666.652 journées de salaire.

Le devoir le plus pressant de l'Etat moderne consiste à favoriser par tous les moyens en son pouvoir sans jamais l'imposer toutefois le mouvement syndical. Ce qui suffit mais est nécessaire pour assurer à tous un minimum de salaire et de bien-être c'est la reconnaissance légale avec valeur obligatoire du contrat collectif lorsqu'il y a consentement des parties, c'est la personnalité civile accordée aux groupements, c'est enfin l'impulsion vivifiante donnée à tous grâce à l'adaptation des Conseils du travail aux diverses associations professionnelles. Un tel résultat nous paraît devoir être hâté par l'éducation sociale donnée au collège, et complétée par l'action des législateurs, des professionnels, des sociologues. Ces derniers surtout rendront les plus grands services en montrant les avantages que présente pour le patron et pour l'ouvrier l'emploi de la forme collective du contrat. La science sociale sera bienfaisante en pénétrant les masses de la nécessité d'une organisation rationnelle du travail. Sous son influence, les travailleurs de France adhéreront bientôt à la coopération volontaire, la seule « durable » et « désirable » comme le montraient récemment MM. Tanon et Léon Bourgeois (1).

---

1. Tanon, *L'évolution du droit et de la conscience sociale*, p. 132 ; Léon Bourgeois, *Philosophie de la solidarité*, pp. 96 et 97.

Quatrième limitation de la liberté (travailleur français et travailleur étranger). — Une quatrième limitation de la liberté du travail nous paraît nécessaire si nous nous plaçons comme nous l'avons fait jusqu'ici dans la catégorie nationale. Sans doute, le travailleur français doit lutter contre des concurrents étrangers civilisés ou sauvages, et, en un certain sens, son devoir vital et son patriotisme coïncident. Le travailleur ne peut pas songer seulement à lui-même, il doit, pour vivre, entrer en lutte sur le terrain économique avec des concurrents étrangers. Il accroîtra par le fait le bien-être et la grandeur de la France, d'autant plus vigoureux dans son labeur qu'il gardera dans son cœur toujours plus brûlante la flamme du patriotisme, je veux parler ici de ce patriotisme paisible qui fait de l'ouvrier ou du paysan un membre de ce groupement à la fois historique et moral des consciences qui se donna pour mission de faire régner plus de bien-être et de justice sur terre (1).

Mais ces caractères essentiels de notre tempérament national apportent une limite à la liberté du travailleur français. Ils la restreignent à la sauvegarde de ses intérêts rivaux. Ainsi, la protection de l'ouvrier, du paysan et du commerçant de ce pays ne doit pas

1. MM. Bayet et Aulard définissaient naguère dans leur *Manuel* ce même sentiment : « Le patriotisme, disaient-ils, est le sentiment de la solidarité entre tous les membres de la grande famille française ».

avoir pour effet de faire peser sur nos concurrents étrangers un joug insupportable.

Il faut que tout le monde vive, et les ressources de l'univers permettent à l'humanité de s'entretenir en travaillant. Aussi, l'ouvrier français tend-il de plus en plus à voir dans l'ouvrier étranger non plus un ennemi mais un frère dans le labeur et la pensée. Il sait que les ressources de l'univers deviendront inépuisables si la concurrence stérile des travailleurs fait place à l'organisation du travail international. Le récent Congrès de Berlin n'a fait que rendre plus évidente la nécessité de recourir à des contrats entre les nations pour résoudre à chaque moment de l'évolution les questions sociales. Mais, déjà, malgré l'immense tâche qui reste à faire, le travailleur français peut songer avec joie à cette extension prochaine de la coopération, que décrivait avec éloquence M. Gide (1) dans une conférence sur les Prophéties de Fourier : « Je vois, disait-il (dans la coopération), la propriété de toutes choses : la terre, les mines, les maisons, les usines, les navires, les machines, les capitaux, tout le matériel de la production appartenant à ces milliers d'associations et à ces millions d'associés, non pas sur pied d'égalité, mais de telle façon que chacun se trouvant à la fois travailleur, propriétaire et capitaliste, chacun se trouvera ainsi directement intéressé au maintien de l'ordre et de la tranquillité.

1. Conférences sur la coopération, p. 309.

Je vois chacune de ces associations réunissant, non pas seulement comme celles qui peuvent exister aujourd'hui, des hommes de la même ville et de la même condition, mais des hommes de toute condition, de tout pays, de toute langue : on verra le pauvre et le riche, l'ouvrier et le bougeois, le Chinois et le Français, le nègre et le blanc, réunis par les mille liens d'intérêts quotidiens dont ils ne pourront plus se dégager, et par là la paix sociale, peut-être même la paix internationale, garantie dans la mesure où elle peut l'être en ce monde » (1).

Conclusion de cette partie

Nécessité de recourir à la sociologie et à la morale. — Nous venons de voir la liberté du travailleur prendre une forme de plus en plus précise. Limitée elle l'est par la solidarité vitale, et nous l'avons montré dans le détail à propos des rapports du travailleur avec le patron ou le capitaliste, les autres travailleurs syndiqués ou non-syndiqués, l'Etat, les concurrents étrangers.

Mais elle l'est aussi par l'influence qu'exercent sur elle des sociétés qui concentrent tout un ensemble de courants économiques, juridiques ou historiques, passés et actuels. Elle l'est enfin par l'anneau que déta-

---

1. Gide, *La coopération*, pp. 309 et 310.

chent d'elle les individus sociaux avec lesquels la personne sociale de chaque travailleur entre en contact de telle sorte qu'il est lui-même, à un point de vue différent le débiteur et l'ayant droit des travailleurs solidaires.

C'est dire que la question de la liberté du travail a ses racines dans la sociologie et dans la morale (1).

1. De Roberty s'exprimait de la sorte à propos de la liberté politique : « Pour moi, je le répète, la liberté politique s'offre « comme une des faces externes de la liberté morale ; je « dirais volontiers qu'elle est son écho, sa répercussion « nécessaire (quoique forcément incomplète) dans les mœurs « qui se fixent, qui se cristallisent, qui revêtent des formes « juridiques, qui se dédoublent en droits et en devoirs, qui « deviennent des institutions ». *4° Essai*, p. 96.

LIVRE II

Partie sociologique

Conception sociologique de la liberté du travail

CHAPITRE PREMIER

EXISTE-T-IL UNE SOCIOLOGIE SCIENTIFIQUE NOUS PERMETTANT DE REPRENDRE SOUS UNE FORME PLUS POSITIVE LE PROBLÈME DE LA LIBERTÉ DU TRAVAIL DANS SES RAPPORTS AVEC LA SOLIDARITÉ ? (1)

« La sociologie, a dit Simiand, est une science phi-
« losophique. L'étude philosophique de la question
« sociale partira de la sociologie et d'une position
« sociologique de la question » (2). Assurément, tout

1. *Revue de métaphysique et de morale,* n° de septembre 1898, p. 626.
2. *The principles of Sociology,* p. 27.

problème d'économie politique est susceptible d'une transposition scientifique. Des phénomènes concernant la production, la répartition, la consommation ou la circulation de valeurs socialement utiles sont collectifs de leur nature. Ils supposent l'union d'agents économiques par un rapport utilitaire qui n'est au fond qu'une différenciation du rapport d'association. Giddings l'a très bien dit : « Ils ne sont pas si différents des phases les plus générales de l'association que nous ne puissions parler d'eux comme de différenciations de phénomènes sociaux » (1).

« Il y a du géométrique dans tout, disait Leibnitz, « bien que tout ne soit pas géométrique. » Cette pensée lumineuse ne nous découvre pas seulement un monde dont la complexité presque infinie se ramène à un petit nombre de lois et d'éléments simples que diversifie une harmonieuse disposition. Reprise par Auguste Comte dans son *Cours de philosophie positive*, elle devient l'idée maîtresse d'un système qui considère les sciences concrètes comme une complication des lois primordiales de la nature. Appliquée aux faits sociaux elle va susciter les recherches les plus intéressantes.

Déterminons les modifications que les notions de masse, de densité, de volume, font subir aux faits

1. Ce chapitre, bien qu'il soit d'une lecture difficile, nous a paru nécessaire pour mettre au point notre question en sociologie théorique.

sociaux dans leur relation causale, et nous construisons le mécanisme rationnel de *Durkheim*.

Si nous introduisons la notion chimique de combinaison dans l'étude des phénomènes collectifs, avec *Izoulet* nous voyons de même l'association d'éléments simples faire jaillir de l'atome la vie, et de la vie la pensée et l'action.

Nous pouvons aussi, empruntant au biologiste la notion d'organisme, expliquer les propriétés et les transformations des sociétés par « les caractères physiques, émotionnels et intellectuels des individus qui les composent, ainsi que par les forces qui les affectent » (1). *Spencer* conçut ainsi sa sociologie organique.

Elevons-nous encore. La psychologie individuelle nous fournira sa notion de faits conscients, reconnaissables à ce signe qu'ils sont toujours susceptibles d'imitation. En montrant le rôle que joue un tel principe dans toutes les manifestations de la vie sociale,

---

1. Cf. Spencer, *Principes de sociologie*, II, pp. 15, 21, 583 ; *Introduction à la science sociale*, pp. 56-57 ; cf. aussi Levy-Brühl : La sociologie de Spencer dans la *Revue bleue*, 1ᵉʳ semestre 1884, p. 650. Voici le principe fondamental tel que l'exprime Spencer : « Etant donnés des hommes possédant certaines propriétés, un agrégat (c'est-à-dire une société de ces hommes) possédera des propriétés dérivées de celles des individus et qui peuvent faire l'objet d'une science », *op. cit.*, pp. 56-57.

nous nous trouverons en présence de la sociologie psychologique de Tarde.

Gravissons un degré de plus dans la hiérarchie des phénomènes. S'il est vrai que les faits sociaux ont la conscience humaine pour théâtre, pourquoi ne projetterions-nous pas sur eux la lumière de cette conscience ? Nous entrerions alors dans la sociologie morale de Bernès.

Ainsi, grâce aux analogies que nous suggèrent les sciences de la nature ou de l'homme, les faits sociaux se trouvent éclairés. En les rapprochant sans les identifier, nous construisons des systèmes valables sans doute mais qui ne nous font pas pénétrer dans le sanctuaire de la sociologie.

N'y aurait-il donc pas de sociologie vraiment scientifique ?

*
* *

Si négligeant les théories systématiques des sociologues contemporains nous essayons de découvrir les profondes assises qui supportent cette brillante « superstructure », une conception vraiment positive s'offre à nous.

Auguste Comte l'avait entrevue si l'on en juge par l'importance qu'il attribuait à l'étude du consensus social [1]. Cette notion est à ses yeux d'autant plus

1. *Cours de philosophie positive*, 5ᵉ édition, t. IV, pp. 277, 279, 280, 281, 282.

fondamentale que les faits étudiés sont plus complexes. Elle revient dans ses leçons sous la forme de la coopération : « Cette invariable conciliation de la séparation des travaux avec la coopération des efforts, d'autant plus prononcée et plus admirable que la société se complique et s'étend davantage, constitue en effet le caractère fondamental des opérations humaines quand on s'élève du simple point de vue domestique au vrai point de vue social (1) ».

Ainsi dans sa statique, Comte posait déjà sous une forme un peu confuse le problème des rapports de l'individu avec le groupe. Ce problème était d'ailleurs repris au point de vue dynamique dans le cinquième volume du *Cours de philosophie positive*. Le but de Comte n'était-il point d'expliquer la formation de l'esprit positif, par l'influence des sociétés antérieures et plus spécialement des lois caractéristiques des trois étapes que ces sociétés ont traversées ?

Pendant le demi-siècle qui nous sépare d'Auguste Comte la conception des rapports de l'individu avec le groupe a beaucoup gagné en précision et en profondeur. Pour nous en convaincre, il nous suffira d'ouvrir les volumes de sociologie les plus récents.

« L'individu, selon Giddings (2), n'est pas antérieur

1. *Cours de philosophie positive*, 5ᵉ édition, t. IV, p. 470, 474, 478, 480-484 et 485 sur l'esprit de détail et l'esprit d'ensemble dans le gouvernement.
2. Giddings, *Principles of sociology*, p. 399 : « The indivi-

à la société ni la société antérieure à l'individu. La communauté ne précède pas la lutte, ni la lutte la communauté. Dès le début, lutte et communauté, société et individu ont été coordonnés. La société et l'individu ont toujours agi et réagi l'une sur l'autre ; toujours la lutte et la communauté se sont limitées entre elles » (1).

« Pour une connaissance parfaite, nous dit en substance Simmel, il n'y aurait que des individus agissant et réagissant les uns sur les autres. Dans l'état actuel de la science, il y a des individus en rapports avec différents groupes » (2).

Tarde, qui passe pour le plus dilettante de nos sociologues français, n'est pas très éloigné de cette conception. « Le fait social élémentaire, c'est à ses yeux la communication ou la modification d'un état de conscience par l'action d'un être conscient sur un autre » (3).

---

dual therefore, is not prior to society or society to the individual. Community is not precedent to competition or competition to community. From the first, competition and community, society and the individual, have been coordinate. Society and the individual have always been acting and reacting upon each other ; competition and community have always been limiting each other ».

1. Voir aussi Giddings, *Principles of sociology*, pp. 395-399. L'auteur établit d'une façon très nette l'opposition qui existe entre « l'institutional life » et la « self-activity ».

2. *Année sociologique* (1896-1897), p. 74.

3. *Annales de l'Institut international de sociologie* (Tra-

M. Goblot définira de même le fait sociologique : « l'action de l'homme sur l'homme ». « Dès qu'il y a un groupe social même homogène et composé d'éléments tout pareils, il y a déjà division du travail et spécialisation fonctionnelle ; il y a les fonctions de l'individu et les fonctions du groupe » (1).

Mais nous allons voir cette position scientifique se préciser encore avec Bouglé, Durkheim et son école. M. Bouglé a beaucoup fait pour la fondation d'une sociologie *stricto sensu* qui étudierait l'association, ses causes, ses résultats (2). Il se propose de décrire, classer, comparer les rapports qui relient entre eux les individus, abstraction faite des différences propres à chacun. « Ces rapports d'association, nous dit-il, présupposent les esprits bien loin qu'ils les créent. Il ne faut donc pas dire que la société crée les facultés des individus mais seulement qu'elle les modifie » (3).

Ainsi les propriétés du milieu social (volume, densité, degrés d'homogénéité et d'hétérogénéité, d'unification ou de complication) expliquent jusqu'à un certain point les modifications individuelles. Il n'y a pas en effet de société dans laquelle on ne retrouve ces

vaux du 1ᵉʳ congrès, octobre 1894), Sociologie élémentaire, par Tarde, p. 211.

1. *Essai sur la classification des sciences*, pp. 208 et 217; voir ausi *Année sociologique* (1897-1898), p 158.

2. *Les idées égalitaires*, Introduction, p. 19.

3. *Revue de Paris*, 1ᵉʳ août 1897, Qu'est-ce que la sociologie ? p. 540.

caractères à des degrés divers. C'est leur collaboration qui explique la formation des idées égalitaires (1).

La sociologie scientifique se donnera pour mission de « rechercher les modifications qui résultent de l'action du groupe sur l'individu » (2). C'est du reste en ces termes que MM. Mauss et Fauconnet veulent définir cette nouvelle science à la suite de M. Durkheim dont nous retrouverons la position vraiment scientifique dans l'exposé même de sa conception de la liberté du travail.

De la démonstration qui précède il nous faut tirer un corollaire important. En soumettant notre problème spécial à cette conception scientifique (détermination du groupe par l'individu et de l'individu par le groupe), nous avons par le fait écarté comme systématiques d'une part la sociologie socialiste de Marx, de l'autre la sociologie du laisser-faire de Spencer.

Enrico Ferri a très bien caractérisé le déterminisme économique de Marx : « Milieu physique et caractères anthropologiques ou ethniques déterminent une certaine condition économique du groupe social ; et cette condition économique (différentes facilités, abondance

1. *Les idées égalitaires*, pp. 148 et 149.
2. Voir au mot Sociologie l'article très précis de la *Grande revue encyclopédique* ; et *4ᵉ Essai*, p. 123 : « L'altruisme, « morale, droit, justice, voilà autant de points de vue succes- « sifs auxquels nous nous plaçons pour analyser un seul et « même phénomène, la socialité ». De Roberty.

et sûreté des subsistances) détermine à son tour toute autre manifestation de la vie humaine individuelle et sociale, telle que la morale, le droit, la politique, l'art et la science qui, directement ou indirectement, ne sont que des épiphénomènes du phénomène économique » (1).

Marx transportait ainsi en sociologie la discussion de la question psychologique de la liberté. C'est par des motifs économiques, disait-il en substance, que nous nous décidons; nous pensons avec Durkeim qu'un problème psychologique n'intéresse pas directement le sociologue (2). Avant de rechercher comment nous nous décidons d'ordinaire, il faut se demander si c'est bien nous même qui nous décidons, et cela suffit pour que nous disions: à moins d'illogisme manifeste nous poserons toujours dans tout problème sociologique l'individu d'une part, les formes d'association de l'autre. On objectera, il est vrai, que l'individu tout entier est le produit de la société qui l'entoure. Nous ne le croyons pas, mais accordons-le. Il ne faut pas moins reconnaître qu'à l'heure actuelle on ne saurait refuser à tout associé la personnalité indivi-

---

1. *Annales de l'Institut international de sociologie* (Congrès d'octobre 1894), Sociologie et socialisme, par M. Enrico Ferri, p. 164.

2. *De la division du travail*, en note, p. II, Préface de la 1re édition : « La solution qu'on en donne, quelle qu'elle soit, ne peut faire obstacle à nos recherches ».

duelle. Dès lors il ne subit pas seulement les modifications du milieu social ; il reste capable d'initiative dans le jeu de ses forces. Sa volonté se raidit contre les faits économiques ; elle ne se laisse pas envahir entièrement par eux, mais les détermine et les transforme à son tour. Prétendre expliquer avec Marx l'individu tout entier, sa pensée, sa foi, sa liberté, sa conscience, par les besoins économiques nécessités par les formes de la production dans la société dont il fait partie (1) c'est pratiquement l'absorber dans la société. Une telle solution qui sacrifie en fait un des termes du problème sociologique est assurément incomplète (2). L'école marxiste a eu le tort de prendre, comme l'a dit de Roberty, l'effet, le but ou la condition *pour la cause efficiente* (3).

La position prise par la sociologie individualiste n'est pas moins répréhensible. C'est en effet par une grave inconséquence avec son principe fondamental que Spencer parvient à dresser dans la phase ac-

1. Andler, *Commentaire du manifeste*, pp. 83, 86, 96, 97, 141, 157, 159... ; Jaurès, Préface de la *Morale sociale* de Benoît Malon (fin) ; voir aussi *Matérialisme de l'histoire* ; Croce, *Essais d'interprétation de quelques conceptions du Marxisme*, passim ; Marx, *Le capital* et *Le manifeste*, passim.

2. Bernstein, *Socialisme et science* : « Cet autre principe « du socialisme scientifique : le matérialisme de l'histoire... « lui aussi a fait son temps », p. 26.

3. 4º *Essai*, notes, p. 202.

tuelle de l'humanité l'individu contre l'Etat. La pensée maîtresse du système, on l'a souvent dit, c'est la loi de différenciation et d'intégration continue. Comment Spencer concilie-t-il l'effacement progressif de l'Etat avec le maintien nécessaire de l'intégration (1)? Son inconséquence s'explique, comme l'a montré de Laveleye, par l'importance excessive accordée aux sciences naturelles (2). Il se laisse trop dominer par le principe du triomphe des plus aptes dans la lutte pour la vie : « Restreignez de plus en plus l'action de l'Etat, et de lui-même l'individu le plus apte émergera ». A cette argumentation de Spencer, nous répondrons: même en histoire naturelle, le principe de la lutte est limité par celui de l'union pour la vie. M Tanon l'a très bien dit en s'appuyant sur les travaux de M. Espinas: « Le caractère dominant d'une société, c'est le concours permanent que se prêtent pour une même action des êtres vivants séparés » (3). Ainsi Spencer n'est pas seulement incomplet en expliquant le développement et la structure des sociétés par les caractères physiques ou émotionnels des individus qui

1. Cf. Marion dans la *Revue philosophique*, n° de mai 1877, et Renouvier dans la *Critique philosophique* de 1879.
2. De Laveleye, *Le socialisme contemporain*, Appendice ; *L'État et l'individu*, p. 383 en réponse à l'*Individu contre l'État*, de Spencer.
3. Tanon, *L'évolution du droit et de la conscience sociale* (Exposé et critique de la théorie spencérienne, p. 94 à 124) ; voir aussi M Espinas, *Des sociétés animales*, p. 219.

la composent (1). Il devient inconséquent lorsqu'il subordonne inconsciemment sa loi sociologique fondamentale de différenciation et intégration continues à la loi naturelle de « la survie des plus aptes ». Les sociologies individualistes et socialistes étant définitivement écartées comme systématiques et incomplètes, une seule solution reste possible : celle qui déterminant l'individu par la société et vice versa, aboutit à la théorie de l'associé (2) par la délimitation de tout membre d'une société de deux sphères distinctes, l'une privée (celle de la liberté) l'autre sociale (celle de la solidarité) ».

Mais avant de développer cette conception il convient d'exposer, d'après les indications éparses dans leurs œuvres, la théorie sociologique de la liberté du travail d'après Durkheim et de Roberty.

1. Spencer, *Principes de sociologie*, t. I, p. 15 et *Introduction à la science sociale*, pp. 56-57.
2. C'est ainsi d'ailleurs que Bernstein conçoit le seul socialisme scientifique « un mouvement vers un état social fondé sur l'association ». *Socialisme et science*, p. 29. La sociologie ne peut, selon lui, que dégager les conditions qui déterminent la venue de cet état, *op. cit.*, p. 32.

CHAPITRE II

CONCEPTION SOCIOLOGIQUE DE LA LIBERTÉ DU TRAVAIL D'APRÈS DURKHEIM ET DE ROBERTY

La liberté du travail au point de vue sociologique. — A. *Selon Durkheim :* 1° la liberté du travail *au point de vue dynamique* ; 2° la liberté du travail *au point de vue statique.* — B. *Selon de Roberty :* achèvement de la pensée de Durkheim, théorie du *travailleur libre.*

A. LA LIBERTÉ DU TRAVAILLEUR D'APRÈS DURKHEIM

Dans la préface de la première édition de la *Division du travail*, le problème est nettement posé : Quels sont les rapports de la personnalité individuelle du travailleur et de la solidarité ? en d'autres termes : comment se fait-il que tout en devenant plus autonome, l'individu dépende plus étroitement de la société ? (1)

1. *Division du travail*, Préface, p. IX.

La question nous paraît devoir être étudiée au double point de vue dynamique et statique.

1° *La liberté du travail au point de vue dynamique* (1).

S'il est vrai, comme la montré Auguste Comte, que l'étude des sociétés disparues nous prépare à mieux comprendre les transformations du présent, il ne sera pas inutile de rechercher à la suite de Durkheim quelles causes ont dans le cours des siècles libéré la personnalité du travailleur.

L'auteur de la *Division du travail* ne s'attarde pas à éclaircir le problème de l'origine première de l'homme. De telles questions portent sur des périodes trop lointaines pour être susceptibles d'une solution scientifique. Probablement, l'individualisme a existé de tout temps. Ce qu'il y a de sûr, c'est qu'il s'est développé avec les siècles. Dans l'âge primitif, la pensée libre existait sans doute (2), mais elle était étouffée sous la pression violente du groupe (3). Pour vivre chaque

1. « La dynamique, a dit Durkheim, cherche d'après quelle loi la suite des sociétés humaines qui constitue l'humanité a évolué dans le temps ». *Revue bleue*, n° du 19 mai 1900, La sociologie en France, p. 612.
2. « C'est un phénomène, nous dit-il, qui ne commence nulle part, mais qui se développe sans s'arrêter tout le long de l'histoire », *Division du travail*, p. 186.
3. Pratiquement elle était nulle, p. 139.

groupement exigeait de tous ses membres l'abandon de leurs pensées, de leurs préférences et souvent de leur vie. Il leur imposait des ressemblances fondamentales sans lesquelles la horde, la caste ou le clan eussent été impossibles. Dans des sociétés où les sentiments les plus intimes de l'âme humaine étaient matière de réglementation, pourquoi le travail seul aurait-il été libre ? Aussi ne le fut-il point. Sous quelle influence l'est-il devenu ? en d'autres termes : comment le travailleur a-t-il été libéré du groupement qui faisait de lui un atome du mécanisme social ? Telle est la question à laquelle Durkheim va consacrer la plus grande partie de sa thèse.

Il faut insister sur la distinction capitale entre la solidarité mécanique et la solidarité organique. L'une existe dans les sociétés primitives, l'autre dans les sociétés modernes. La première résulte des manières de penser et de sentir de la conscience commune, la seconde suppose que les individus diffèrent les uns des autres. Celle-là a pour symbole le droit pénal et ses sanctions répressives ; celle-ci le droit contractuel et ses sanctions restrictives, ainsi appelées parce qu'elles ne frappent plus des crimes mais des délits ou violations de contrat soit par une amende soit par une mise en demeure de tenir ses engagements.

La solidarité mécanique doit elle-même son nom à la cohésion qui unit entre eux les corps bruts ; la solidarité organique doit le sien à sa ressemblance avec la cohésion des corps vivants ; aussi les membres liés par elle ne sont-ils point les rouages d'un mécanisme mais les cellules autonomes d'un organisme (1).

Cette distinction étant bien marquée, nous allons découvrir à la suite de Durkheim un rapport entre la division du travail et la solidarité.

A considérer l'ensemble de l'évolution, il faut reconnaître que le droit répressif et la solidarité mécanique régressaient pendant que le droit contractuel et la solidarité organique progressaient (2), à mesure que les liens sociaux dérivés de la division du travail devenaient plus nombreux et plus forts, les ouvriers s'émancipaient sans cesser d'être solidaires. De même que le type colonial disparaît lorsque s'élevant dans l'échelle des organismes le savant passe des polypes aux mollusques et des mollusques aux vertébrés, de même aux yeux du sociologue le type segmentaire s'effaçait dans nos sociétés modernes (3).

Que s'est-il donc passé depuis les temps préhistoriques? Durkheim va nous le dire : « Les segments sociaux se sont ouverts de plus en plus les uns aux autres » (4). Les cloisons qui les séparaient se sont brisées, et leur lente disparition a déterminé les faces successives des sociétés humaines. Bientôt l'indivi-

1. *Op. cit.*, pp. 186, 187, 72, 73, 77, 113, 120, 122.
2. *Op. cit.*, *passim*, ch. IV et suivants, liv. I.
3. *Op. cit.*, p. 209.
4. *Op. cit.*, p. 203.

dualité du clan disparaît. Nous assistons alors à la naissance de la gens, de la ville, de la capitale, du centre industriel, de la corporation, enfin d'un gouvernement ayant pour fonction de réglementer le monde du travail (1).

Mais pendant qu'autour de lui la société se transformait, l'ouvrier se libérait du groupement qui le tenait si étroitement enfermé. Il faisait la conquête d'une sphère d'action spéciale, il créait sa personnalité. « La conscience collective laissa découverte une partie de la conscience individuelle » (2). Là s'établirent des fonctions spéciales qui échappaient à sa réglementation. Les cercles sociaux en se multipliant avaient permis à l'ouvrier de briser l'étroite enceinte du clan, de la gens et de la corporation pour conquérir enfin sa liberté ; et cet ouvrier devait voir son initiative s'accroître grâce à l'apparition de l'association libre, forme nouvelle des groupements professionnels due à l'influence croissante de la division du travail.

Il ne faut pas voir en effet dans ce principe d'économie sociale uniquement une tendance divergente à savoir : la spécialisation des travaux humains. Durkheim la considère surtout comme un principe de convergence des parties spéciales : « La division du travail, nous dit-il, unit en même temps qu'elle

1. *Op. cit.*, pp. 198-207.
2. *Op. cit.*, p. 140.

oppose, elle fait converger les activités qu'elle différencie, rapproche ceux qu'elle sépare... » (1). « Elle est la différenciation qui concentre les forces vitales de la société » (2).

Si maintenant nous recherchons quel rapport existe entre le principe de la division du travail et les formes sociales, nous constatons qu'il est lié à un accroissement de volume et de densité des sociétés primitives.

Aux yeux de Durkheim tout s'explique par le milieu social (3). C'est dans ses variations qu'il trouve la cause des progrès de la division du travail. Ils seront d'autant plus intenses qu'un contact plus intime s'établira entre des associés de plus en plus nombreux.

Ainsi, l'augmentation du volume des sociétés jointe à celle de leur densité matérielle renforce nécessairement l'action de la division du travail (4). Mais elle renforce aussi la solidarité puisque coopérer c'est se partager une tâche déterminée.

Or cette augmentation est à son tour l'effet de la lutte pour la vie. La coopération progresse parce que la mêlée pour le pain est plus ardente qu'autrefois (5). Aussi l'ouvrier désireux de subsister éprouve-t-il le besoin d'unir son effort à celui de son voisin.

1. *Op. cit.*, p. 305.
2. *Op. cit.*, p. 396, voir note.
3. *Op. cit.*, p. 276.
4. *Op. cit.*, p. 287.
5. *Règles de la méthode sociologique*, 2ᵉ édition, pp. 139, 140, 141.

M. Durkheim, on le voit, répugne à expliquer par la division du travail seule l'émancipation des classes ouvrières dans le cours des siècles. Il reconnaît d'une part que l'augmentation du volume et de la densité a contribué à produire un aussi heureux résultat, de l'autre que la conscience morale a joué un grand rôle dans cette libération.

Pour nous en convaincre, il nous suffira de relire certains passages particulièrement suggestifs de M. Durkheim : « C'est à tort, nous dit-il, qu'on a vu dans la division du travail le fait fondamental de toute vie sociale... Ce serait un miracle que des différences ainsi nées au hasard des circonstances puissent se raccorder ainsi exactement de manière à former un tout cohérent. Bien loin qu'elles précèdent la vie collective, elles en dérivent. Elles ne peuvent se produire qu'au sein d'une société et sous la pression de sentiments et de besoins sociaux, c'est ce qui fait qu'elles sont essentiellement harmoniques » (1). Quelques pages plus loin, M. Durkheim le dit expressément : « Des sentiments moraux président à l'élaboration de la division du travail » (2).

L'auteur de la *Division du travail* considérant celle-ci non pas isolément mais unie à d'autres causes physiques ou morales, nous ne croyons pas fondées les

1. *Op. cit.*, pp. 306-307.
2. *Op. cit.*, p. 311.

objections de Tarde et Henry Michel. La division du travail, disent-ils en substance, constitue plutôt un état de désintégration, une tendance anarchique à la différenciation (1). Au lieu d'unifier elle complique, au lieu de grouper elle isole. Comment espérer dans ces conditions que la coopération naisse de la dissociation, l'unité de la multiplicité ? Mais si la tendance à l'unification sociale préexiste à la division du travail et agit sur elle de telle sorte que la désintégration serve à préparer une intégration plus intense, pourrait-on encore attribuer à la division du travail les heureux effets de la solidarité primitive ? Ainsi la division du travail supposerait la préexistence de la solidarité qu'elle doit pourtant créer d'après Durkheim.

Voilà l'objection dans toute sa force. Elle ne porte nullement contre la thèse de Durkheim qui considère la division du travail comme une tendance que renforcent les liens moraux qui se forment entre coassociés.

Dans la troisième partie de cette étude, nous insisterons sur le côté moral du problème de la liberté du travail. Nous verrons qu'elle n'est pas seulement liée à notre vie morale, mais qu'en un sens il y a pour tout travailleur un devoir de liberté. Il faut auparavant poser notre problème en statique. Après avoir exposé

1. Henry Michel, *L'idée de l'État*, p. 481. Tarde, *Logique sociale*, p. VI et *passim*.

sur ce point la pensée de MM. Durkheim, de Roberty, qui nous ont frayé un chemin, nous nous demanderons quelle forme doit prendre l'association professionnelle pour réaliser dans les faits cette division harmonieuse du travail qui libérera l'ouvrier moderne.

2° *La liberté du travail en statique* (1).

Liberté du travailleur : *a*) Point de vue négatif par rapport au patron, au groupement, à l'Etat ; *b*) Point de vue positif : la vie professionnelle, l'individualité du travailleur.

La distinction du point de vue positif et négatif est d'une grande importance pour bien comprendre le sujet qui nous occupe. Grâce à elle nous pouvons dans notre exposé suivre de très près le processus de Durkheim puisqu'il consiste à s'élever des faits et lois économiques à la conscience même du travailleur par l'intermédiaire des divers groupements, et plus spécialement de l'association professionnelle.

Considérée d'une façon négative, la liberté du travailleur consiste dans l'affranchissement des obstacles qui le gênent dans son expansion. Du point de vue

---

1. « La statique sociale, a dit Durkheim, a pour objet les rapports de connexité que soutiennent les uns avec les autres les divers éléments d'un seul et même milieu social considéré à une phase déterminée de son évolution ». La sociologie en France, *Revue bleue*, 19 mai 1900, p. 612.

positif, elle est caractérisée par l'apparition dans toute conscience d'une sphère nouvelle d'autonomie, celle de l'initiative professionnelle.

Libre, le travailleur doit l'être à l'égard de son patron, de son groupement et de l'Etat.

Le contrat de travail sera libre entre patrons et ouvriers s'ils se trouvent dans des conditions extérieures d'égalité. Dans ce cas, les services échangés ont une valeur sociale équivalente (1).

Il sera libre aussi entre les travailleurs et les directeurs du groupement professionnel devenu un centre autonome d'activité industrielle. La liberté du travail jaillira alors des entrailles mêmes des choses : « Il y a contrainte en effet, nous dit Durkheim, quand la réglementation ne correspondant plus à la nature vraie des choses et par suite n'ayant plus de bases dans les mœurs ne se soutient que par la force » (2).

L'antique corporation gênait souvent dans son initiative le producteur et le commerçant. Organisé selon un idéal plus juste, le groupement professionnel va devenir pour le travailleur l'instrument de son complet affranchissement (3).

« Il domine d'assez haut les individus, nous dit Durkheim, pour mettre des bornes à leurs convoitises,

---

1. *Division du travail*, pp. 429 et 430.
2. *Op. cit.*, p. 422.
3. Cf. Prins, *L'organisation de la liberté*, p. 137.

mais il vit trop de leur vie pour ne pas sympathiser avec leurs besoins » (1).

L'influence régulatrice de ce faisceau de forces collectives serait des plus bienfaisantes. Cet organe nouveau de la vie professionnelle laisserait à chacune des cellules son individualité. Il s'abstiendrait de tout arbitraire pour mieux garder son caractère propre. Ce serait d'ailleurs le meilleur moyen de procurer à ses membres par le juste salaire la liberté nécessaire.

Les corporations reconstituées sauront réglementer sans violenter. « C'est donc à elles qu'il appartient de présider à ces caisses d'assurance, d'assistance, de retraites dont tant de bons esprits sentent le besoin, mais que l'on hésite, non sans raison, à remettre entre les mains si puissantes et malhabiles de l'Etat, à elles également de régler les conflits qui s'élèvent sans cesse entre les branches d'une même profession, de fixer mais d'une manière différente selon les différentes sortes d'entreprise les conditions auxquelles doivent se soumettre les contrats pour être justes, d'empêcher au nom de l'intérêt commun les forts d'exploiter abusivement les faibles... » (2).

Mais ces corporations nouvelles pourront-elles conserver une autonomie complète? Seront-elles aussi

1. *Le suicide*, p. 441.
2. *Op. cit.*, p. 437 ; voir aussi *Division du travail*, Préface de la 2ᵉ édition, pp. XXXV et XXX.

libres par rapport à l'Etat qu'à l'égard du groupe ? (1)

Durkheim constate qu'en fait la sphère de l'action individuelle « a grandi en même temps que celle de l'Etat. Il peut très bien se faire que l'organe directeur de la vie sociale prenne plus de volume en même temps que des organes se forment qui lui font contrepoids. Il suffit pour cela que le volume total de l'organisme ait lui-même augmenté » (2).

Désormais, l'Etat va jouer un rôle social. Des devoirs positifs très importants lui incombent à l'égard des travailleurs. Son intervention s'impose pour la bonne harmonie des fonctions qui concourent. Lui seul peut imposer au particularisme de chaque corporation le sentiment de l'utilité générale et les nécessités de l'équilibre organique. Mais son action ne peut s'exercer utilement que s'il existe tout un système d'organes secondaires qui la diversifient. C'est donc eux qu'il faut avant tout susciter... » (3). « L'Etat est trop loin de ces manifestations complexes pour trouver la forme spéciale qui convient à chacune d'elles. C'est une lourde machine qui n'est faite que pour des besognes générales et simples. Son action toujours uniforme ne peut pas se plier et s'ajuster à l'infinie variété des circonstances particulières. Il en résulte

1. *Op. cit.*, pp. 436, 441, 448.
2. *Division du travail*, p. 241.
3. *Le suicide*, p. 441 ; voir aussi la préface de la seconde édition de la *Division du travail*, p. XXXIII.

qu'elle est forcément compressive et niveleuse » (1).

Le rôle de l'Etat est par là même tout indiqué. S'il ne peut s'attribuer le pouvoir de réglementer à sa guise les associations professionnelles, il a du moins le devoir de préparer et de garantir cette réglementation voulue par les membres de l'association qui aspirent à l'indépendance économique (2).

La vie professionnelle. — C'est du dehors pour ainsi dire que nous avons étudié la liberté du travailleur. Ce qui la caractérise pourtant, c'est l'autonomie de l'associé comme tel.

Deux observations essentielles trouvent ici leur place : 1° le groupe formé par les individus associés est une réalité d'une autre sorte que chaque individu pris à part (3), c'est lui qui sent, pense et veut bien qu'il ne puisse le faire en se passant du concours des consciences particulières (4) ;

2° Les états collectifs existent dans le groupe professionnel avant d'affecter le travailleur en tant que tel, et d'organiser sa vie intérieure (5). Il faudra donc expliquer par les propriétés caractéristiques du groupe

1. *Le suicide*, p. 436, cf. Préface de la 2ᵉ édit., *op. cit.*, p. XXXII.
2. Préface de la deuxième édition de la *Division du travail*, pp. III et IV.
3. *Le suicide*, p. 362.
4. *Revue de métaphysique et de morale*, p. 295.
5. *Le suicide*, p. 362 et *passim*.

professionnel les phénomènes dont il est le théâtre ; il faudra considérer les faits concernant le travail comme des réalités qui ont leur vie propre, s'appellent et se soudent par des affinités naturelles (1).

Nous avons maintenant le droit de conclure que les consciences des travailleurs en se fusionnant ont donné naissance à une réalité nouvelle qui est la conscience même du groupement professionnel (2), et cette conscience n'est pas formée des mêmes éléments que celle de l'individu considéré en dehors de toute société. Isolons en effet par la pensée les travailleurs. De leur individualité séparée de toute société il ne sortirait jamais rien de social. « C'est ainsi que le psychologue qui commence à s'enfermer dans son moi n'en peut plus sortir pour retrouver le non-moi » (3).

Le sociologue qui part de l'étude des groupes pour s'élever ensuite à celle des faits sociaux aboutit ainsi à la conscience collective qui résulte de la combinaison des consciences individuelles, matière malléable que le milieu social marque de son empreinte (4).

Il faut insister sur la pression que les groupements professionnels font sentir sur le travailleur. C'est celle

---

1. *Revue de métaphysique et de morale*, art. cité, p. 299.
2. *Division du travail*, p. 85, note 2. Par ce mot (conscience collective), nous désignons simplement l'ensemble des similitudes sociales.
3. *Division du travail*, p. 309-310.
4. *Le suicide*, p. 360, réponse à M. Tarde.

que tous exercent sur chaque associé. Elle a pour effet de déterminer les prédispositions vagues des natures individuelles. Il faut reconnaître que les caractères généraux de la nature humaine entrent dans le travail d'élaboration d'où résulte la vie professionnelle. Seulement, ils ne font que la rendre possible (1).

L'individualité du travailleur. — A la suite de Durkheim, analysons le fait social fondamental en appliquant à l'association professionnelle ce qu'il dit de tout groupe en général :

« Comme il n'est point de travailleur qui ne mène
« concurremment cette double existence (individuelle
« et sociale), chacun... est animé à la fois d'un double
« mouvement. Il est entraîné dans le sens social,
« et il tend à suivre la pente de sa nature. Le reste de
« la société pèse donc sur lui pour contenir ses ten-
« dances centrifuges, et il concourt pour sa part à
« peser sur autrui afin de neutraliser les siennes. Il

---

1. Cf. *Règles de la méthode sociologique*, p. 130, 2ᵉ édition ; *Division du travail*, p. 70. « Tant qu'elle reste à l'état de simple prédisposition de notre nature psychique, la solidarité est quelque chose de trop indéfini pour qu'on puisse aisément l'atteindre. C'est une virtualité intangible qui n'offre pas de prise à l'observation. Pour qu'elle prenne une forme saisissable, il faut que quelques conséquences sociales la traduisent au dehors. De plus, même dans cet état d'indétermination, elle dépend des conditions sociales qui l'expliquent... ».

« subit lui-même la pression qu'il contribue à exercer
« sur les autres. Deux forces antagonistes sont en pré-
« sence : l'une vient du groupe professionnel et cher-
« che à s'emparer du travailleur ; l'autre vient du tra-
« vailleur et repousse la précédente. La pression du
« groupe est, il est vrai, bien supérieure à celle de
« l'associé, puisqu'elle est due à une combinaison de
« toutes les forces particulières ; mais comme elle ren-
« contre aussi autant de résistances qu'il y a de tra-
« vailleurs, elle s'use en partie dans ces luttes multi-
« pliées et ne pénètre en eux que défigurée et affaiblie.
« Quand elle est très intense, quand les circonstances
« qui la mettent en action reviennent fréquemment
« elle peut encore marquer assez fortement les consti-
« tutions individuelles; elle y suscite des états d'une
« certaine vivacité et qui, une fois organisés, fonction-
« nent avec la spontanéité de l'instinct; c'est ce qui
« arrive pour les idées morales les plus essentiel-
« les » (1).

Mais l'idée de liberté du travail est de ce nombre.
Quelle empreinte laisse-t-elle dans la conscience du
travailleur? ou plus exactement, comment la pression
du groupement professionnel laisse-t-elle subsister la
liberté du coopérateur?

Le groupe professionnel, répond Durkheim, exerçant sur nous une pression moindre que celle de tous

1. *Le suicide*, p. 360.

les autres groupements réunis, laisse plus de place au jeu spontané de notre initiative (1). Le problème de la liberté du travailleur se ramène donc à la détermination du maximum d'autonomie compatible avec les exigences de l'association professionnelle.

M. Durkheim aboutit de la sorte à distinguer dans chaque associé deux consciences. Bien qu'elles ne soient pas géographiquement distinctes de nous-mêmes (à cause de leur pénétration mutuelle, et de la nouveauté qu'apportent avec eux le milieu, le moment de l'évolution et les dispositions individuelles), elles n'en sont pas moins psychologiquement distinctes. L'une est commune à nous-même en tant que travailleurs et à notre groupement professionnel, et par conséquent, n'est pas nous-même, mais ce groupement vivant et agissant en nous; l'autre ne représente au contraire que nous dans ce que nous avons de personnel et de distinct (comme travailleurs) dans ce qui fait de nous des associés libres (2)

Mais il ne doit pas nous suffire d'admettre avec Durkheim en tout travailleur l'existence de deux sphères distinctes malgré leur compénétration : celle de l'associé et celle de l'individu comme tel. Pour mieux découvrir le point précis où finit la pression

1. *Division du travail*, p. 337 et *passim*.
2. *Division du travail*, pp. 138-139 ; voir aussi p. 113.

sociale, il faut insister sur cette vue lumineuse et montrer le parti qu'en a tiré de Roberty (1).

B. — LE TRAVAILLEUR LIBRE SELON DE ROBERTY

Nous retrouverons dans les *Essais sur la sociologie considérée comme morale élémentaire* la solution que nous venons d'exposer avec des variantes sur lesquelles il convient d'insister.

« La sociologie, nous dit de Roberty, étudiera la socialité dans son germe (les lois de la vie) dans ses développements ultérieurs (les groupes sociaux) et enfin dans son produit le plus achevé : l'individu social » (2).

Tout le système de notre auteur tient dans l'exposé de ces trois points de vue.

Nous passerons rapidement sur le premier, qui, de l'aveu même de Roberty, est hypothétique.

A l'origine il n'y aurait que des individus biologiques, des vivants. Leur rapprochement ferait d'eux

---

1. Nous n'avons pas l'intention d'exposer dans toute son ampleur le système de Roberty, mais seulement de montrer comment la pensée du sociologue belge complète celle de Durkheim, et nous amène par la distinction nette entre le travailleur libre et le travailleur solidaire à poser notre problème avec la rigueur désirable.

2. *4e essai sur la sociologie considérée comme morale élémentaire*, p. 52.

des membres de groupes et finalement des individus sociaux. Ainsi, du contact mutuel « des psychicités physiologiques se dégagerait une psychicité inconsciente et inintentionnelle » (1) qui exercerait une influence puissante sur nos idées, nos sentiments, nos volontés. Voici l'hypothèse initiale. Négligeons-la pour aborder le problème social fondamental.

Celui qui veut préciser l'idée que le mot de société éveille en nous conçoit comme autant de réalités surorganiques diverses formes d'association (famille, tribu, caste...) (2). Il voit, d'autre part, les sphères sociales sous l'influence de l'évolution s'élargir et se compliquer de plus en plus à mesure que les idées et les faits sociaux se différencient davantage. Il voit enfin l'âme, l'essence même du travail, de l'industrie, naître des combinaisons innombrables formées par l'idéal et le réel.

Il ne faut pas considérer, en effet, le travail, le salariat, la propriété comme des phénomènes qui existeraient en dehors de toute société (3).

---

1. *3ᵉ Essai*, p. 118 et *4ᵉ Essai*, pp. 71 et 112 : « Des sensa-
« tions, des perceptions, des désirs, des volontés identiques
« surgissent dans les cerveaux rapprochés par les conditions
« de la vie en commun : l'âme du groupe se dégage, comme
« une synthèse encore grossière et imparfaite, de la rencon-
« tre et de l'interaction des forces psychologiques élémen-
« taires ». *4ᵉ Essai*, p. 112.
2. *2ᵉ Essai*, p. 125.
3. *3ᵉ Essai*, p. 116.

Les faits collectifs comme les institutions n'existent en réalité qu'au dedans de nous ; c'est dans nos consciences qu'ils plongent. « La personne et sa psychologie, telle est, nous dit de Roberty, la fin concrète de l'évolution des sociétés » (1). L'évolution entraînera un contact moins intermittent et plus régulier des centres conscienciels, et selon le mot de M. Parodi, elle dissoudra « les associations à fondement proprement biologique et instinctif au profit d'associations nouvelles plus rationnelles et volontaires » (2). La société devenant alors tout à la fois, chacun de nous, et nous tous, l'âme collective, s'évanouira pour faire place à une réalité *sui generis* : l'individu social, terme dernier et centre même de la sociologie (3).

Durkheim s'était contenté de distinguer en tout associé la conscience du groupe de la conscience individuelle. De Roberty va faire la soudure de ces deux consciences en donnant un nom à ce composé humain : « l'individu social ». Et ce mot seul suffit pour nous faire entrevoir les progrès réalisés depuis Aristote dans la science sociale. Elle ne nous place plus en

1. 2° *Essai*, p. 70 ; voir aussi 3° *Essai*, p. 202. « Bornons-
« nous à répéter que ce n'est pas tant l'être bro-social,
« réalité de l'ordre concret), que l'individu social, la per-
« sonne (réalité de l'ordre abstrait), qui forme l'objet propre
« de la sociologie ». Voir aussi 3° *Essai*, p. 127.

2. 3° *Année sociologique*, p. 170, Comptes rendus par Parodi.

3. 4° *Essai*, p. 113.

face du membre vivant de la cité, de cet Hellène qui met au service de son pays une intelligence et une volonté qui se libèrent : ζῶον πολιτικον. Elle crée *l'individu social* et en élargissant son âme grâce aux bienfaits de la solidarité accroît tout à fois les droits et les devoirs du citoyen moderne.

M. de Roberty ne s'est point proposé comme objet spécial de son étude le travailleur libre. Aussi pour exposer d'une façon spécifique la solution de cet auteur, nous croyons devoir restreindre la portée de ses formules et ne pas sortir de la catégorie du travail. Essayons de le faire sans altérer sa pensée. Pour cela négligeons le point de vue dynamique trop vaguement indiqué par de Roberty, et plaçons-nous de suite au point de vue statique.

Le contact professionnel, les milliers d'actions et de réactions psychiques qui en résultent ont donné naissance au travailleur libre (2). Il faut définir d'une

---

1. Izoulet, *La cité moderne* ; Espinas, *Sociétés animales*, (préface de la 2ᵉ édition) ; Duprat, *Le citoyen grec et le citoyen moderne*.

2. *3ᵉ Essai*, pp. 147 et 158 et *4ᵉ Essai*, pp. 111 et 112 :
« La socialité, nous dit-il, n'est pas le produit ou le simple
« reflet de la raison ou du savoir des hommes ; elle en est la
« source authentique. C'est l'altruisme au sens le plus large
« du mot, l'interaction cérébrale, le contact permanent
« entre moi et autrui, qui fait naître la raison et la connais-
« sance individuelles. Mais la raison et le savoir une fois
« éclos..., se prennent eux-mêmes pour une fin, pour un

façon précise ce travailleur moderne à l'enfantement duquel le monde entier collabore.

L'associé professionnel de ce temps aux yeux de M. de Roberty n'est pas seulement lui-même dans le sens étroit du mot, il est encore autrui (1). Il est tout à la fois un dedans et un dehors. Il détermine le groupe comme aussi il est déterminé par lui (2). C'est une force professionnelle (créatrice de travail) en rapport permanent avec d'autres forces semblables, en communion constante, volontaire, et réfléchie avec elles (3).

De cette opposition jaillit le rapport professionnel fondamental qui fait surgir en présence l'un de l'autre, deux hommes en chacun de nous : le travailleur libre d'une part, le travailleur solidaire de l'autre.

« motif, pour un pouvoir capable de reproduire et d'aug-
« menter, de fortifier la socialité qui leur donne naissance ».
4ᵉ Essai, p. 71.
  1. *2ᵉ Essai*, p. 171.
  2. *3ᵉ Essai*, p. 94 et *2ᵉ Essai*, p. 176.
  3. *2ᵉ Essai*, p. 171.

CHAPITRE III

LA LIBERTÉ DU TRAVAIL EN SOCIOLOGIE STATIQUE.
EXPOSÉ PERSONNEL

C'est en nous orientant dans le sens de Durkheim et de Roberty que nous abordons l'exposé de la question sociologique de la liberté. Dans la partie économique de cette étude nous avons eu soin de rejeter comme dépourvues d'un caractère strictement obligatoire les notions d'utilité sociale et de solidarité humaine. Seule la solidarité vitale nous a paru rigoureuse parce qu'elle résulte des liens les plus étroits : d'un côté des efforts des travailleurs en vue de se procurer les ressources nécessaires, de l'autre de la rémunération suffisante de ces efforts par le patron ou le directeur de l'entreprise.

Or il n'y a pas seulement une solidarité économique. « L'idée de solidarité, a dit M. Darlu, est une idée sociale, on pourrait dire sociologique » (1). Il y

1. *Philosophie de la solidarité*, p. 122.

aura donc en sociologie comme en économie sociale une solidarité vitale ou stricte et une solidarité humaine ou large. Pour les définir, il suffit de considérer l'idée de solidarité économique en se plaçant au point de vue de l'action du groupe sur le travailleur.

Nous demanderons à M. Bourgeois la définition de la solidarité humaine : « L'être social, nous dit-il, est celui qui comprend qu'il est social, c'est-à-dire qu'il est associé, qu'il est placé dans un état nécessaire d'échange de services avec les autres hommes ; c'est celui qui comprend qu'il y a, par le fait même de la solidarité, une part de sa propriété, de son activité, de sa liberté, une part de sa personne qui vient de l'effort commun des hommes, qui est vraiment d'origine sociale, et qui, par conséquent, doit être par lui consacrée à l'effort commun. (1) »

Mais cette définition nous l'écarterons à la suite de M. Boutroux comme n'étant pas assez rigoureuse pour caractériser la solidarité vitale et son obligation. « Ce n'est pas de nos contemporains, s'écrie-t-il, c'est, avant tout, de nos ancêtres que nous tenons le patrimoine dont nous profitons. De ce legs du passé, certes, il est naturel, il est juste que nous soyons reconnaissants à ces ancêtres. Mais qui pourrait déterminer le caractère obligatoire de cette reconnaissance ainsi que la manière dont elle doit se manifester, en se

1. *Op. cit.*, p. 43.

bornant à appliquer déductivement les concepts intellectuels de la justice et de la solidarité ? Ce n'est pas l'idée de justice abstraite, à elle seule, c'est bien plutôt un sentiment de piété et de solidarité familiale qui nous porte à bénir nos ancêtres comme des bienfaiteurs et des parents... » (1).

Ainsi M. Bourgeois nous met en présence d'un de ces devoirs larges dont l'accomplissement ne peut être requis par un gouvernement parce qu'il n'est pas socialement nécessaire. Tout autre est la solidarité vitale. Elle ne constitue plus un maximum mais un minimum d'obligation : « La première loi sociale, disait un jour Robespierre, est celle qui garantit à tous les membres de la société les moyens d'exister..., la propriété n'a été instituée et garantie que pour la cimenter » (2).

En ce sens, il est vrai de dire : ce qui est indispensable pour vivre doit pouvoir être acquis par tous. Ce minimum d'existence constitue le principe juridique qu'il faut opposer au laisser-faire.

Essayons de déterminer ce minimum constitutif de la solidarité vitale.

Dès l'instant que des travailleurs se trouvent en

---

1. *Op. cit.*, p. 279.
2. *Œuvres de Maximilien Robespierre*, éd. Laponneray, 1840, t. III, p. 353, 34 et suivantes ; voir aussi Millerand, Préface de ses discours.

contact au point de vue économique avec des patrons, des concurrents ou des étrangers, leur existence même dans cette société implique qu'ils pourront garder leur autonomie et se procurer le nécessaire.

Nous considérerons les travailleurs comme des forces vivantes exerçant une pression sur les divers membres de la société pour conquérir un minimum d'initiative et de bien-être. La solidarité vitale sera donc constituée par les liens ainsi formés entre les membres d'une même société. Elle résoudra en accord harmonieux le conflit aigu de la solidarité humaine et de laliberté (1).

En effet, comment ferait-elle disparaître la liberté du patron ou du capitaliste? C'est de la licence et non de la liberté que la spéculation sur la force de travail au mépris du droit à l'existence et de la dignité de l'ouvrier. Une telle solidarité ne saurait davantage porter atteinte aux droits du groupe professionnel. C'est encore de la licence que les violences

---

(1) Schema I.

domaine de la solidarité vitale ;

développement de notre personne dû à la solidarité mais dont nous restons maîtres parce qu'il n'est pas socialement nécessaire ;

sphère de l'individualité.
La circonférence Ll' marque la limite de la liberté stricte.

des grèves et le dommage porté intentionnellement à l'ouvrier résolu à rester indépendant. Comment la solidarité vitale s'opposerait-elle à la liberté de l'Etat puisqu'elle se confond avec ce programme minimum dont un gouvernement digne de ce nom doit par fonction assurer la réalisation ? Comment s'opposerait-elle enfin à celle des concurrents étrangers puisque nous l'étendons dans notre pensée à tous les travailleurs du monde ?

Loin d'être un obstacle à la liberté du travail, la solidarité vitale en est plutôt le complément, elle en marque la limite. La réponse donnée plus haut à cette question : (La liberté du travail existe-t-elle dans notre société contemporaine ?) va reparaître sous une forme sociologique.

Au terme actuel de l'évolution, nous constatons — et c'est un fait qui résulte des thèses de MM. Durkheim, Bouglé, Henry Michel — que dans les sociétés modernes occidentales la solidarité et la liberté, ou si l'on préfère l'intégration et la différenciation, après s'être développées le plus souvent au détriment l'une de l'autre, tendent à se compléter. Aussi dans une société bien organisée ces deux tendances apparaissent-elles comme devant s'harmoniser en se développant jusqu'à un certain point.

Si nous faisons abstraction du devoir large de s'entr'aider volontairement, le résidu de la solidarité humaine c'est bien ce que nous avons appelé la solidarité vitale. Avant de caractériser dans le détail le travailleur libre et solidaire de ses compagnons d'existence, une considération particulièrement importante mérite de nous arrêter. Nous avons assisté dans l'ère moderne de notre histoire à l'émancipation de l'individu. Il s'est dégagé après une longue lutte des cercles sociaux qui le tenaient étroitement enfermé. Des divers groupements dans lesquels il prend naissance, il se détache semblable à un point matériel autour duquel s'enroulaient des anneaux concentriques ou plus exactement des secteurs sphériques tournant autour de lui. Autour de ce centre de nous-mêmes, qui s'appelle la conscience, se sont formées sous

(1) Schéma II. — *L'individu social.*

anneau formé par le développement de l'individu social à l'heure actuelle.

sphère de l'individu comme tel.

l'action sociale et après une longue évolution les personnalités du travailleur, de l'artiste, du citoyen, du croyant, du membre de la famille. L'ensemble de ces personnalités constitue l'individu social. Son éclosion est due au contact d'autrui sous les formes de l'imitation et de la contrainte.

Indiquons brièvement en nous plaçant au point de vue sociologique les tendances fondamentales de cet individu social.

On ne saurait étudier les formes des sociétés, leurs causes, leurs conséquences sans considérer l'associé en tant qu'associé. Comme tel il exerce une influence positive sur ces coassociés en même temps qu'il est influencé par eux. Il obéit donc à deux tendances essentielles : l'une qui le porte à resserrer les liens qui le rattachent à la société dont il fait partie, l'autre qui lui fait revendiquer son autonomie d'associé.

Les clans, les castes, les groupements professionnels, administratifs ou nationaux, nous mettent en présence de diverses variétés de ce type sociologique. Cependant, l'associé nous apparaît dans ces groupements multiples avec son caractère fondamental ; il est une loi vivante de différenciation et d'intégration continue puisque dans ces divers états il tend à devenir plus indépendant d'une part, plus solidaire de l'autre.

Ainsi, à l'heure actuelle, à la suite d'une longue évolution que nous représentons par ce schéma approximatif nous découvrons réalisée dans l'associé une loi de la nature (1).

Nous avons montré avec M. Durkheim comment à la suite des progrès de la division du travail et de la multiplication des cercles sociaux qu'elle nécessite, la personnalité de l'ouvrier s'est libérée. Il nous reste à étudier le travailleur social à l'heure présente.

Les travailleurs que nous avons définis comme des forces vivantes, capables d'un effort socialement utile et susceptibles d'atteindre un minimum d'initiative et de bien-être, par leur contact presque incessant avec la société limitent la sphère d'influence de chacun d'eux. Toute cellule industrieuse est bornée dans son extension par les intérêts vitaux des autres cellules. La liberté du travail définie en fonction de la solidarité

(1) Schéma III.

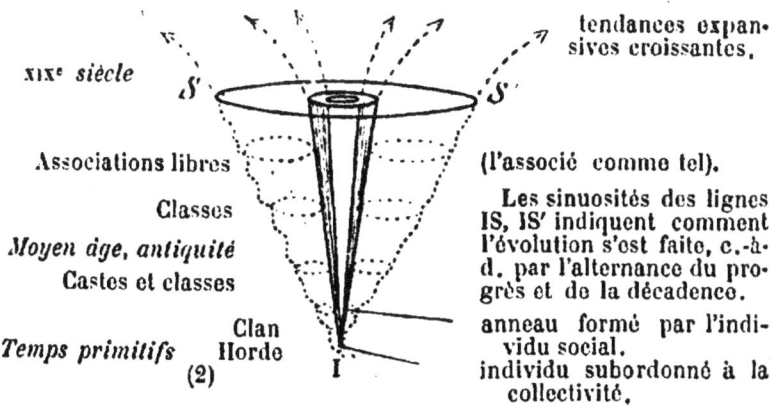

(2) Deniker, *Races et peuples de la terre*, pp. 289-332 et l'*Année sociologique, passim*.

vitale sera donc : une puissance douée d'un maximum d'initiative et de bien-être compatible avec les nécessités vitales des autres coassociés. Elle constitue un droit strict auquel le travailleur ne peut être contraint de renoncer.

Si nous représentons cette liberté par une sphère ou pour plus de clarté par un cercle qui mettrait sous nos yeux l'accroissement nouveau qu'a pris l'individu, nous pourrions transposer ainsi la question qui nous occupe : « Est-il vrai que la contrainte du milieu professionnel s'exerce à l'intérieur même du cercle de la liberté stricte du travailleur français ? »

Nous avons vu dans la première partie de cette étude qu'il en est ainsi très rarement. D'un côté, les violences contre les non-syndiqués sont peu fréquentes, de l'autre les ouvriers qui malgré leur bonne volonté sont dénués de ressources par suite du manque de travail ou de l'insuffisance des salaires sont l'exception, et nous avons constaté que le bien-être se répand de plus en plus dans la classe ouvrière. Nous avons ajouté cependant qu'il y a à l'heure actuelle un malaise social. En voici la principale source. A considérer l'ensemble des travailleurs français, il semble qu'en présence de produits qui exercent sur lui une attraction très forte l'ouvrier ne recule pas devant des dépenses nouvelles auxquelles il ne peut faire face même avec un salaire plus élevé qu'autrefois. Il a de la peine à se procurer un nécessaire qui ne le satisfait pas. Pourtant il a conscience qu'il serait plus heureux si le travail était payé d'une façon équitable.

Je représenterais donc volontiers la masse des ouvriers et des agriculteurs français comme dépassant avec peine la limite des ressources nécessaires à la vie familiale (1). Aussi le travailleur vaillant et honnête m'apparaît-il à l'heure actuelle en marche vers une limite idéale dont il se rapprochera sans jamais l'atteindre (à cause de l'imperfection des hommes et de leurs institutions) bien que cette limite circonscrive le domaine même de l'équité ou de la solidarité humaine.

Si ce travailleur n'est pas violenté le plus souvent, il n'en est pas moins menacé par le capital et le patronat d'une part, la réglementation syndicale et la concurrence étrangère de l'autre. A la suite de Gambetta, Spuller, Challemel-Lacour, nous avons constaté que la liberté du travail a éprouvé de profondes blessures. En face du fait, il faut dresser l'idéal.

1. « Une moyenne générale embrassant tous les salariés en
« France, et seulement les hommes, ne dépasserait guère
« 3 fr. par jour et 1000 fr. par an. En tout cas, même en ne
« prenant que l'industrie, nous voyons qu'un ouvrier doit
« vivre avec à peu près 100 francs par mois et une ouvrière
« avec guère plus de 50 francs par mois. Il est certain que si
« un semblable budget peut suffire aux nécessités matérielles
« de la vie, il est tout à fait insuffisant non seulement pour
« donner à cette vie un peu de charme, mais encore pour
« pourvoir à une assurance quelconque contre les risques de
« la vie ». Gide, Rapport sur l'Exposition, pp. 64-65.

L'idéal obligatoire. — Le droit strict c'est que tous les travailleurs puissent avoir accès à ce minimum de bien-être que nécessitent leurs besoins vitaux. La solidarité vitale limite ainsi la liberté de chaque travailleur. Ces deux notions sont données simultanément dans le monde professionnel. La solidarité vitale ne sera donc pas la conséquence de la réalisation de la liberté comme le prétendent les partisans du laisser-faire. De même la liberté sociale ne saurait être pour une raison identique le résultat de l'application forcée d'un programme de solidarité humaine, comme le voudraient les collectivistes. L'application par la contrainte d'un tel programme constituerait une œuvre tyrannique ainsi qu'éphémère. Le maintien du laisser-faire sans aucune considération de la solidarité vitale ne serait pas moins regrettable. Il assurerait à tout jamais le triomphe économique de quelques privilégiés au détriment des travailleurs dans le besoin. Il n'y a donc pas plus de solidarité vitale sans liberté, qu'il n'y a de liberté sans solidarité vitale. Entre les deux positions extrêmes, il existe un milieu; le solidarisme. Initiative et nécessités vitales telles sont les deux conditions sociologiques de l'idéal professionnel de notre temps. Aussi définissons-nous de la sorte la liberté du travail en fonction de la solidarité vitale : « le maximum d'initiative et de bien-être compatible avec les nécessités du milieu social dont le travailleur fait partie. »

Pour mieux étudier notre problème, nous voudrions lui donner une forme en quelque sorte géométrique. (1) Soit le point central I représentant notre individualité qui sous l'influence sociale aurait pris un développement que manifeste l'espace enfermé dans le grand cercle qui l'enserre. Si nous considérons les cercles excentriques A, B, C, D, E, symbolisant les divers

(1) Schéma IV. — *Liberté du travail et solidarité vitale.* — Ce schéma exprime la forme géométrique prise par la question étudiée dans notre partie économique sous son aspect concret.

Au centre, zone en blanc I ou développ' personnel du travailleur sous l'influence de l'imitation.

Le cercle qui l'entoure marque le domaine de la contrainte ou si l'on veut de la solidarité humaine.

A l'intérieur même de ce cercle nous trouvons une zone pentagonale en noir.

La limite externe de cette zone est celle de la solidarité vitale. Elle n'est autre que la ligne enveloppante dont nous parlons dans notre exposé (p. 169).

Il y a donc dans l'expansion actuelle du travailleur une part qui revient à la société. C'est la part de lui-même qu'il doit abandonner pour pourvoir aux nécessités sociales.

agents ou groupes économiques avec lesquels un travailleur est en relation, nous voyons que par une contrainte bienfaisante ces agents et ces groupes ont amené un accroissement de la zone centrale I. Autour d'elle s'est formé un anneau, qui marque l'accroissement de volume et de densité des liens sociaux résultant de la contrainte, dirait M. Durkheim. Mais cette zone centrale qui entoure le point initial I exprime le développement qu'a pris notre personne individuelle sous l'influence de l'imitation et de l'invention, dirait à son tour M. Tarde.

La limitation de l'individualité du travailleur par la solidarité vitale est rendue visible par une ligne enveloppante correspondant au coût de la vie familiale et au maximum d'initiative compatible avec les nécessités sociales actuelles. Nous avons ainsi fait le schème de deux domaines dont nul ne doit pouvoir contraindre le travailleur à sacrifier la moindre parcelle.

Libre, le travailleur le sera si le patron n'abuse pas de sa supériorité économique pour lui rendre l'existence trop dure. Il le sera aussi à l'égard des syndicats. Ceux-ci une fois entrés dans leur période pacifique n'auront plus recours à des violences, pas même à une mise en interdit de nature à rendre la vie impossible à l'ouvrier qui se retire. Ils ne restreindront pas arbitrairement son initiative. Puisque l'association professionnelle (limitée dans la durée, composée d'un petit nombre de membres, toujours ouverte à ceux qui veulent y entrer ou qui désirent en sortir, devenue une personnalité civile compétente et souveraine dans son domaine) répond aux besoins de l'industrie et de l'agriculture modernes, ils se contenteront d'imposer au travailleur les sacrifices nécessaires qu'elle entraîne Libre, ce travailleur le sera aussi à l'égard de l'Etat dont l'intervention sera légitime dans la mesure où il assurera à chacun les moyens de vivre; il devra l'être enfin à l'égard des concurrents étrangers qui à la faveur des contrats de travail internationaux trouveront comme limite à la sphère de leur influence le droit à l'existence des ouvriers français.

Dans ces complexes déterminations d'un même idéal intervient le principe fondamental que nous avons formulé déjà dans notre partie économique : la liberté d'un travailleur est rendue possible par la faculté de se procurer les ressources nécessaires à la vie familiale. Remarquons à présent que la liberté d'un travailleur n'est pas seulement limitée par les nécessités vitales des autres travailleurs mais qu'elle l'est aussi par les siennes. Ce maximum d'initiative que nous appelons la liberté ne va pas en effet sans un minimum de ressources matérielles. Le maximum d'initiative serait comme l'âme de la liberté du travail. Mais cette âme ne peut exister sans un organisme vivant dans lequel elle s'incarne. Un minimum de subsistances constitue cet organisme.

Considérons en effet un travailleur. Certaines ressources lui sont indispensables pour son entretien et celui des siens. Il doit pouvoir se les procurer. Non seulement il vit mais il a le devoir de vivre et de faire vivre sa famille. Si la fin est nécessaire, les moyens qui permettent de l'atteindre le sont aussi. M. Fournière a eu raison d'insister sur ce point dans son *Essai su l'individualisme*. Avec lui nous pensons que cette liberté serait vraiment fictive qui consisterait à laisser à l'ouvrier la ressource de mourir de faim ou de privations de toute sorte. Pour penser il faut être, disait un jour M. Ravaisson en commentant le *Cogito* de Descartes, ce qui signifie que l'existence est donnée avec la pensée qui s'affirme. Pour être libre, il faut vivre dirions-nous de même, en ajoutant que nous ne comprendrions plus l'homme s'il venait à perdre sa pensée et sa liberté. Voilà pourquoi nous avons limité la liberté du travail par la solidarité vitale.

CHAPITRE IV

APPLICATION PRATIQUE

La détermination de l'idéal social ou du droit strict nous amène à parler de son application. Il ne suffit pas en effet que la masse connaisse son idéal. Elle doit le réaliser. C'est la condition essentielle de la prospérité sociale.

Trois faits importants méritent de nous arrêter ici :

1º Il y a dans notre société des invalides qui ne peuvent subvenir à leurs besoins et sont à la charge de la collectivité ;

2º Il y a aussi des paresseux assez habiles pour vivre aux dépens des autres, privant ainsi leurs co-associés de l'apport nécessaire ;

3º Il y a aussi, suivant l'expression de M. Charles Benoist, des maladies du travail (chômage (1), acci-

---

1. Le 29 mars 1896, il y avait, nous dit M. Arthur Fontaine, environ 4,6 p. 100 d'ouvriers français en chômage ; il y en avait 4,8 p. 100 selon d'autres calculs. Un tiers des chô-

dents, salaires insuffisants) qui, à considérer l'ensemble, existent en France à l'état d'exception.

Nous sommes ainsi amenés à constater dans notre société l'existence d'un manque d'intégration nécessaire. La masse a de la peine à se procurer les ressources qui lui permettent de satisfaire ses besoins croissants. Des travailleurs assez nombreux sont dans la misère, et dans une misère parfois imméritée.

Pour rendre possible à tous l'accès aux jouissances qui résultent du fait de la solidarité vitale, il faut que certains remplissent plus que leur devoir, qu'ils renoncent pour le moment à une partie de leur initiative avec la certitude de la retrouver entière lorsqu'ils le voudront (1). Certes, nous ne sommes pas de ceux qui pensent qu'il soit permis à l'homme de renoncer à cette libre détermination de ses actes qui constitue la dignité souveraine de l'humaine nature. Nous ne demandons qu'un sacrifice partiel et pour un temps limité, et nous demandons qu'il soit volontaire. — « Que faites-vous du sacrifice? demandait un jour M. Sabatier à M. Léon Bourgeois; n'est-il pas quelque chose de supérieur à tous les contrats, quelque chose

meurs était sans emploi pour cause de maladie ou d'invalidité. Cf. *Résultats statistiques du recensement des industries et professions*, t. IV, 1901, p. IX.

1. Ce sacrifice n'exclut pas le secours que la société doit aux vieillards et aux infirmes incapables de se suffire ; cf. Préface des discours de Millerand ; Gide, Rapport sur l'Exposition de 1900 (pp. 258-272).

de plus beau, de plus noble, d'un autre ordre ? » Et ce regretté penseur craignait qu'on cessât de le placer au cœur même de la question sociale. Nous l'y retrouvons avec lui comme une source de prospérité et de grandeur.

Ce sacrifice spontané, hâtons-nous de le dire, n'est pas une abdication. Il n'aboutit pas à la diminution du bien-être et de l'initiative des capitalistes ou des travailleurs qui le mettent en pratique. Lorsque des associés se groupent pour fonder soit une coopérative, soit un syndicat professionnel, c'est au contraire pour améliorer la condition de tous.

M. Lagrésille l'a très bien montré : « Dès qu'ils s'unissent socialement, les individus ne peuvent plus prétendre à des libertés effectives qui soient arbitraires et doivent enchaîner en partie leurs volontés. Toutefois, si par là ils abdiquent un peu de leur liberté en un sens, le sens de la liberté naturelle..., en un autre sens ils regagnent de la liberté, ils étendent et déterminent socialement leur liberté d'action, ils la multiplient par les forces socialisées dans des directions qui n'existaient pas auparavant. Ainsi première origine sociale, deux êtres qui s'unissent par amour abdiquent chacun réciproquement une partie de leur liberté ; seulement ils acquièrent en somme par leur combinaison d'être des pouvoirs bien plus étendus » (1).

1. *Vues contemporaines de sociologie et de morale sociale*, pp. 186 et 187.

L'idéal dernier consistera donc à renoncer par générosité d'âme à ce maximum d'initiative qui constitue sa liberté stricte pour améliorer la situation des travailleurs. Il est socialement nécessaire que les Français les plus fortunés comme les plus pauvres entrent dans ces associations professionnelles qui, en accroissant le bien-être général, amèneront une expansion plus grande de la personnalité des producteurs riches et pauvres. Le travailleur de l'avenir renoncera donc parfois à son droit le plus strict, il ira au devant de l'infortune d'autrui pour la soulager avec les égards que mérite la dignité humaine. De la convergence des efforts de tous résultera l'amélioration désirée. Le riche lui-même verra s'agrandir la sphère de sa liberté, car le bien-être se répandant partout, il aura moins à craindre de violenter les autres et d'être violenté à son tour.

La crise du travail à l'heure actuelle n'est pas seulement économique. C'est une crise sociologique parce qu'à la différenciation croissante nécessitée par l'évolution industrielle ne correspond pas un progrès corrélatif de l'intégration. Le monde professionnel est dans un état anarchique depuis la suppression des corporations. Il attend encore sa réorganisation.

C'est par un accroissement des vertus sociales, par une convergence plus grande des efforts de tous, sous l'influence de l'élite, qu'il serait possible d'adapter à des formes d'association très parfaites nos volontés égoïstes. En ce sens, la question sociale est une question de morale sociologique.

« La réforme des conditions économiques, nous dit M. Lévy-Brühl, dépend en dernière analyse de celle des mœurs. Il faut donc avant tout réorganiser les mœurs » (1).

M. Léon Bourgeois en convient lui aussi : « Dans le fait social il y a autre chose que le phénomène économique. Le fait social est compliqué de raison et de conscience ; il n'est pas seulement régi par les lois matérielles de la distribution des richesses, de l'offre et de la demande ; il implique toute la vie de l'homme et l'homme est non seulement un être vivant, mais un être pensant et conscient. Et si l'être vivant, pensant et conscient n'a pas les satisfactions de la vie, de la pensée et de la conscience, le but de la société n'est pas atteint. Il faut mettre les lois naturelles au service des lois morales ; il faut faire pénétrer la justice où ne règne actuellement que la force » (2).

C'est à l'éducation sociale que l'auteur de la *Solidarité* demande cette amélioration : « Aussi bien, nous dit-il, est-ce là qu'est le dernier terme du problème. C'est d'une nouvelle évolution de la conscience des hommes que dépend la solution. Ils ont conquis la liberté et ils ont cru qu'elle suffirait à établir la jus-

1. *Revue bleue*, La morale sociale d'Auguste Comte, p. 77, 20 janvier 1900.
2. *Éducation de la démocratie*, p. 274.

tice. C'est la solidarité qu'ils doivent d'abord reconnaître et établir pour pouvoir dans la justice jouir enfin de la liberté. Le problème social est, en dernier mot, un problème d'éducation » (1).

Dans la question qui nous occupe, nous nous pénétrerons de cet état d'esprit en délimitant par la justice la plus stricte ou par la solidarité vitale qui la fonde, l'idéal de liberté du travail. Pour le moment, contentons-nous de noter le résultat auquel nous aboutissons. Il consiste à poser en face des groupements professionnels, des capitalistes, de l'Etat ou des travailleurs étrangers la cellule sociale comme une force économique ne s'épuisant pas dans l'accomplissement de sa tâche mais retrouvant après la journée de fatigue avec la jouissance nécessaire à son existence cette réserve d'énergie qui lui permet de se redresser, heureuse de coopérer généreusement à la réalisation d'un idéal de solidarité humaine et de liberté professionnelle.

1. *Congrès international de l'éducation sociale*, p. 91 ; voir aussi *Philosophie de la solidarité*, p. 97.

LIVRE III

Partie morale

CHAPITRE PREMIER

PRÉLIMINAIRES

Bases expérimentales d'un idéal moral. — Science de la morale et morale sociologique. — Un des problèmes fondamentaux est celui des rapports de la solidarité et de la liberté du travail. — Complexité de ce problème. — Comment se pose-t-il ?

Dans le discours qu'il prononçait à l'occasion de son cinquantenaire scientifique, M. Berthelot disait : « A mesure que les liens qui unissent les peuples sont multipliés et resserrés davantage par les progrès de la science et par l'unité des doctrines et des préceptes qu'elle déduit des faits constatés et qu'elle impose sans violence et cependant d'une façon inéluctable, à toutes les convictions, ces notions ont pris une importance croissante et de plus en plus irrésistible ; elles tendent à devenir les bases purement humaines de la morale et de la politique de l'avenir » (1). C'est pour trouver les bases expérimentales d'un problème moral contemporain que nous avons posé la question économique et sociologique de la liberté du travail. Avant d'aborder cette question au point de vue pratique, il faut se demander s'il existe à l'heure actuelle une morale vraiment scientifique. Bien qu'elle ne soit pas achevée ni suffisamment dégagée de préoccupations métaphysiques, religieuses, utilitaires ou esthétiques, je crois pouvoir affirmer son existence. Elle est le résultat tous les jours plus clair des tentatives faites dans des directions bien différentes en vue d'isoler, pour des raisons de méthode, l'obligation morale de ses justifications naturalistes, idéalistes ou traditionnelles. C'est pour suivre cette méthode rigoureuse que nous isolerons par la pensée, provisoirement du moins, le devoir lui-même des éléments divers qui accompagnent son apparition dans la conscience humaine. Il faut se prononcer sur son existence ou sa non-existence avant de rechercher quels sont ses fondements et ses auxiliaires. Avant d'expliquer un fait il faut le constater (2).

1. *Revue scientifique*, 7 décembre 1901, p. 715, col. 1.
2. Ce point de départ est donc le même que celui de

Il n'y a de morale en effet qu'à la condition de distinguer le fait de l'obligation des motifs d'action qui le renforcent assurément, mais qu'on n'a pas moins trop souvent confondus avec lui. Si nous désirons nous placer au point de vue pratique, nous devons imiter le savant qui, pour classer une fleur, une espèce déterminée, néglige de considérer par exemple le sol sur lequel elle a poussé. Nous négligerons de même les auxiliaires et les fondements de la moralité pour partir de l'affirmation pratique ainsi isolée.

Nous reconnaîtrons alors, avec Kant et Renouvier, que l'idée de devoir implique une dépendance nécessaire de notre nature sensible par rapport à un idéal qui la domine. C'est qu'un tel idéal doit porter avec lui ses lettres de créance. Il doit prescrire la subordination de nos penchants à la raison. N'est-il pas un « fait de raison ? » (1).

La loi de la vie morale sera l'analogue de celle de la nature. Comme elle, les sociétés obéissent à des lois nécessaires à un moment de l'évolution. Le devoir présent consistera donc à mettre dans nos actions cette harmonie qui règne dans le monde et que les sociétés

---

M. Boutroux, à savoir la moralité considérée comme fait ; cf. *Questions de morale*, 1900, et *Morale sociale*, p. 1899, *passim* ; voir aussi Durkheim, *op. cit.*, et Rauh (Cours professés à la Faculté des Lettres de Toulouse).

1. Kant, *Critique de la raison pratique*, éd. Barni, pp. 175-195.

humaines nécessitent (1). Mais les éléments idéaux qu'il suppose comme autant de signes qui permettront de le reconnaître (finalité, universalité de l'idéal, liberté, satisfaction des besoins sociaux du moment) changent comme de nature et se fondent pour ainsi dire dans une même loi morale. Ce sont en effet autant de tendances mises au service d'une volonté contrainte.

En fait, le devoir existe. Il se révèle à nous dans la conscience comme l'affirmation d'une contrainte. Mais cette affirmation retentit dans un milieu social déterminé. Elle s'adaptera donc à lui. Le sens de l'action ne saurait avoir toute sa vertu s'il ne s'inspire pas des conditions de l'action (2). De la sorte, nous sommes amenés non pas à déduire la morale des faits, mais à exprimer la forme que doit revêtir l'idéal moral à un moment de l'évolution.

M. Belot l'a très bien dit du reste : « Le domaine propre de la morale c'est l'action de l'homme sur l'homme en tant que cette action a son origine dans la volonté et ses conditions dans la vie sociale » (3).

Il est évident dès lors que la morale sociologique est

1. Renouvier, *Science de la morale*, *passim*, notamment t. I, pp. 128 et 175 ; *Deuxième Essai*, t. II, pp. 217 et 223, t. III, p. 193.
2. Bernès, cf. Conférence sur l'unité morale, p. 56 ; cf. *Revue internationale de sociologie*, n° du 11 novembre 1896, 4° article.
3. Belot, *Revue de métaphysique et de morale*, n° de juillet 1894, p. 457.

la seule qui soit vraiment scientifique. Seule, en effet, elle indique à la fois le sens et les conditions de l'action.

Dans la constitution d'une telle morale la science est appelée à jouer son rôle. Si la morale marque la fin que nous devons atteindre, la science découvre les moyens appropriés à cette fin. Elle nous oblige, selon Durkheim, à tenir compte pour la détermination du devoir, du milieu social dans lequel nous sommes placés. Bien plus, en nous abandonnant à elle, nous sommes inclinés insensiblement vers le bien. « Toute vérité est sociale, nous dit Simmel ; il ajoute qu'elle naît d'un besoin pratique » (1). S'il lui manque le caractère altruiste et strictement obligatoire qui constitue la relation proprement morale, elle n'en est pas moins bienfaisante. N'est-ce pas le cas de la science sociale ? En conciliant des principes qui semblent contradictoires, en découvrant entr'eux des rapports cachés, elle fait communier les âmes dans la Vérité ; elle les incline par là même à sentir le chaud et vivifiant contact de l'idéale Bonté.

C'est à cette morale distincte de la science mais jaillissant dans la conscience humaine au contact des faits que je crois possible et même nécessaire de rattacher la sociologie. Conditions sociologiques, d'une part,

1. *Revue de métaphysique et de morale*, mars 1896, pensée théorique et intérêts pratiques.

conscience morale de l'autre, telles sont à nos yeux les deux faces du problème que nous nous proposons d'étudier maintenant à un nouveau point de vue.

Kant construisit la science morale en considérant l'idéal d'un devoir faire comme le minimum qui la rend possible. Appliquons ce principe à la question qui nous occupe. Pour tracer la tâche du travailleur moderne, il faut poser comme obligatoire l'idéal minimum qui est sa loi, en d'autres termes, il faut construire pour lui une morale de la nécessité sociale la plus stricte. Il est en effet évident que les principes moraux sont d'autant plus universellement acceptés qu'ils sont, comme le disait Sanz y Escartino « plus nécessaires à l'existence de l'état social » (1). Après avoir étudié dans notre partie sociologique, l'aspect externe du travailleur, pénétrons enfin jusqu'à son âme.

S'il s'interroge lui-même en tant que solidaire, à certains moments il se sentira lié comme tel. Puisqu'il tient de la collectivité presque tout ce qu'il a et tout ce qu'il est, il doit lui payer sa dette. Mais que doit-il à ses coassociés? Le respect de leurs droits sans doute. Or nous savons que le respect du droit de chacun à l'existence implique chez tous le concours dont la société a besoin pour subsister. Ainsi, le travailleur

1. Sanz y Escartino, *L'individu et la réforme sociale*, p. 271.

en vient à respecter la dignité de la personne humaine chez ses compagnons, à se sacrifier pour eux. Ce respect et ce sacrifice nécessaires (qu'il s'agisse de la dignité des autres ou de la sienne) constituent l'essentiel de la morale du travailleur.

Si nous l'étudions dans le détail nous constatons qu'elle obéit à deux tendances fondamentales analysées par M. Durkheim et que nous résumons dans cette formule : « Notre idéal de spécialisation et d'intégration sociale est la forme actuelle du devoir » (1). Par l'intégration nous nous rattachons intimement à une société dont nous respectons les lois et à laquelle nous apportons d'ailleurs le concours indispensable. Par la spécialisation, nous nous ressaisissons en face de cette même société comme des sources d'action spontanée, ou plus exactement comme des individualités morales éprises d'un maximum d'initiative.

Substituons aux expressions sociologiques (spécialisation, intégration) leur équivalent moral : maximum de liberté d'une part, et de l'autre justice stricte ou solidarité vitale, nous aurons alors posé sous une forme rigoureuse le problème qui nous intéresse.

1. Cf. *Division du travail*. 1re édit., p. 451 ; cf. aussi la conclusion de ce remarquable ouvrage.

CHAPITRE II

CONFLIT DE LA SOLIDARITÉ LARGE ET DE LA LIBERTÉ DU TRAVAIL

Ce conflit a passionné la génération qui nous précède. Nous l'avons étudié en économie politique à la suite de Leroy-Beaulieu, Jaurès, Deschanel. Nous le retrouverions dans le roman. La vie de Valjan ou celle de Germinal n'est-elle pas la mise en drame d'un tel conflit ? La poésie devait à son tour s'inspirer d'un sujet aussi intéressant, et nous retrouvons l'essentiel de la pensée solidariste dans le sonnet souvent cité :

« Le laboureur m'a dit en songe : Fais ton pain... » (1).

Les historiens sont aussi intervenus dans le débat. Tandis que Taine prenait parti pour la liberté, Louis Blanc défendait le socialisme et Michelet la solidarité.

Les philosophes ne pouvaient se désintéresser d'un tel problème. A des libéraux tels que Spencer, Molinari, Yves Guyot, répondirent d'une part des solida-

1. Sully-Prudhomme.

ristes comme de Laveleye, Renouvier, Fouillée, Durkheim, Léon Bourgeois, Henry Michel, de l'autre des collectivistes les Jaurès, les Benoît Malon, les Fournière et les Andler.

Yves Guyot reprenant les vues économistes de l'école libérale avait écrit une morale pour montrer l'influence bienfaisante du régime du laisser-faire. Il a repris cette thèse dans une brochure récente : *La morale de la concurrence.* Dans des pages très serrées au point de vue de l'argumentation, l'auteur s'efforce de prouver que le régime actuel favorise le progrès de l'altruisme professionnel. Industriels et employés produisent en effet pour les autres : « Ils ne peuvent vivre qu'à la condition de le faire avec une ardeur constante » (1). La même solidarité d'intérêts existe entre producteurs et consommateurs. Aussi est-il tout naturel que les uns se réjouissent de la richesse des autres. Si les consommateurs sont à leur aise, les producteurs auront d'autant plus de chance d'écouler leurs marchandises. Ainsi le laisser-faire aurait par lui-même une vertu bienfaisante. Il serait une source constante d'initiative, d'épargne et de progrès. Sans la concurrence les inventions deviendraient très rares, l'activité des ouvriers minime, le respect des engagements pres-

1. *Op. cit.*, p. 17 ; cf. Molinari, *La morale économique* ; voir aussi les ouvrages de morale de Spencer et des évolutionnistes.

que inconnu (1). C'est donc une morale de la concurrence que M. Yves Guyot est amené à construire.

Mais cette théorie optimiste en appelle une autre tout opposée. Un socialiste italien très positif M. Merlino réfutait à l'avance une morale aussi subtile au chapitre XII de son bel ouvrage : « *Formes et essence du socialisme* ». Il s'élevait avec beaucoup de force contre ce qu'il appelait très justement « une morale de lutte » et préconisait le travail, la solidarité (2). Sous sa plume nous rencontrons des formules remarquables : « Le travail pour être moral doit être socialement utile » (3). « Plus une société est dense de relations, d'amitiés, de sympathies, plus grande en est aussi la moralité » (4). « Le perfectionnement de la conscience morale est la condition préalable de la réalisation du socialisme. Si les hommes continuaient à être ce qu'ils sont aujourd'hui aucun système socialiste ne pourrait fonctionner. Il y aurait probablement tyrannie de l'opinion publique au lieu de tyrannie du gouvernement ; monopoles de communes, d'associations au lieu de monopoles de capitalistes. Pour réformer la société, il faut réformer l'individu » (5).

Cette éthique du socialisme nous la retrouvons en

1. Cf. *op. cit.*, p. 59.
2. Cf. Merlino, *op. cit.*, p. 212.
3. Cf. Merlino, *op. cit.*, p. 214.
4. Cf. Merlino, *op. cit.*, p. 215.
5. Cf. Merlino, *op. cit.*, p. 217.

ces derniers temps en France dans l'œuvre de Benoît Malon, de Jaurès, d'Andler et de Sorel pour nous en tenir aux plus connus.

Benoît Malon prend à parti Yves Guyot qu'il traite de « bourgeois rétrograde ou intéressé à la défense de l'ordre capitaliste ». « L'homme que M. Guyot veut libre, se demande-t-il, ne serait-il que le gros capitaliste régnant sur les plèbes affamées ? » (1) Si l'ouvrier comprend son intérêt poursuit Malon, il ne sera pas l'admirateur du régime actuel du travail. Il voudra détruire les monopoles et s'opposer aux spoliations.

Dans son introduction à l'ouvrage dont nous venons de résumer la pensée, Jaurès a exposé les mêmes idées avec la magnificence de style qu'on lui connaît. Le socialisme est à ses yeux une morale parce qu'il développe de plus en plus la solidarité parmi les hommes. Cette doctrine ne fait sans doute pas disparaître l'égoïsme. Elle lui donne du moins une forme impersonnelle. C'est en effet le bien-être général qui selon Jaurès doit être la fin suprême des efforts de tous : « Captif, il (le travailleur socialiste) ne peut se libérer qu'en libérant ses compagnons de chaîne, qu'en se sacrifiant même s'il le faut pour leur libération.... En liant le prolétaire au prolétariat, et le prolétariat à l'humanité il exalte et concilie toutes les puissances

---

1. *Morale sociale* par Benoît Malon, avec une préface de Jaurès, p. 316.

de la nature humaine » (1). En définitive selon Jaurès au fond du capitalisme, il y a la négation de l'homme ; au fond du socialisme, sa pleine expansion.

Mais c'est avec M. Andler que le conflit des deux notions de liberté et de solidarité va nous apparaître dans toute son acuité. Il est vrai que le savant auteur des *Origines du socialisme d'État en Allemagne* substitue au mot solidarité celui de justice. Ces deux termes pourtant ne sont pas pris par lui dans une acception sensiblement différente. Or de ces deux notions laquelle est sacrifiée par M. Andler? C'est évidemment la liberté. Quelques citations vont nous en convaincre : « Est-ce donc la justice qu'il faut tenir pour irréalisable ou bien la liberté? Il n'y a plus qu'un espoir. C'est que la liberté puisse ressortir de la justice » (2). Dans la conclusion de ce même volume, M. Andler est plus explicite encore : « L'idéal juridique dernier, nous dit-il, est donc tout formel, il se définirait : la liberté dans la justice. Cette liberté est sans doute une souveraineté de l'individu sur les choses matérielles comme l'avait dit Hegel, mais elle ne s'étendrait qu'aux objets dont la société a donné la disposition à l'individu. Toutefois la société n'intervient que pour assurer à chacun une part plus grande de domination véritable, c'est-à-dire de liberté tandis

1. Cf. *Morale sociale*, Introdction, pp. IV et V.
2. Andler, *Origines du socialisme d'État*, pp. 226 et 227.

que le laisser-faire serait oppressif pour plusieurs. La justice consiste à ce que chacun reçoive à proportion de l'effort fait pour contribuer à la richesse totale, c'est-à-dire à la domination de la nature par la collectivité. A l'inverse de ce que pensaient les théoriciens libéraux français, c'est donc la justice sociale qu'il faut réaliser d'abord. La liberté individuelle ne peut fleurir qu'à l'intérieur de la cité juste, et ce n'est pas la liberté individuelle qu'on peut charger du soin de réaliser la justice » (1).

Nous reconnaissons volontiers avec M. Andler (et c'est d'ailleurs l'idée maîtresse de notre thèse) que la justice stricte délimite la liberté. Si nous nous séparons de lui c'est que nous ne voulons pas confondre la liberté avec la pleine jouissance qui résulterait pour chacun de nous du règne de la justice parfaite. C'est une critique analogue que nous ferons à M. Lapie qui en chargeant l'Etat de régler au nom d'une justice trop large (2) les relations des individus porte atteinte à leurs droits par cette subordination arbitraire. Nous écarterons de même, mais pour des raisons différentes l'opinion de M. la Fontaine qui reléguait arbitrairement la liberté dans le domaine intellectuel (3). Nous avons montré plus haut que ces tendances à la solida-

1. Cf. Andler, *op. cit.*, p. 467.
2. *La justice par l'État, passim.*
3. Socialisme et solidarité dans Conférences sur la solidarité.

rité et à la liberté sont deux faces diverses de l'idéal économique contemporain.

Tout autre était la théorie que Léon Bourgeois exposait avec un grand éclat en septembre 1900, au Congrès de l'éducation sociale et plus récemment en novembre-décembre 1901 à l'école de morale. Son point de départ était un quasi-contrat social d'après lequel tout travailleur est un associé qui, précisément parce qu'il participe aux avantages de la solidarité, est tenu de rendre possibles pour les autres, grâce à son apport personnel, les bienfaits de notre civilisation. Aussi, est-ce à un système d'assurance sociale obligatoire complété par une extension des associations professionnelles et un impôt progressif sur le revenu que Léon Bourgeois aboutit. A la lutte pour la vie, il substitue ainsi l'union comme source principale d'initiative et de progrès. « Il y a, nous dit-il, une autre sorte de concurrence que celle qui se propose la lutte pour la vie; celle-là s'appelle l'émulation et consiste en ceci : avoir un but commun et associer ses forces en vue de ce but commun (1); au lieu de perdre la moitié de ses forces à détruire la moitié des forces d'un adversaire pour empêcher celui-ci d'arriver à son

1. Congrès international de l'éducation sociale, séance de clôture, p. 444. — M. Tarde dans l' « *Opposition universelle* », se prononce aussi nettement contre la morale de la concurrence, et en faveur d'une morale d'harmonieux accord, cf. *op. cit.*, (pp. 374-429).

but particulier, concevoir un but qui puisse convenir à l'un et à l'autre, s'unir pour arriver à ce but, et non pas seulement additionner les forces des deux, mais les multiplier les unes par les autres, en marchant coude à coude, épaule contre épaule, vers ce but commun ».

Nous sommes les premiers à applaudir à ces belles paroles qui traduisent très bien la conception morale du solidarisme. Avec M. Bourgeois, nous reconnaissons que cette « émulation féconde dans l'union pour la vie commune » est l'objet de l'éducation sociale, mais nous ne croyons point qu'elle constitue (pas plus d'ailleurs que la solidarité humaine) un devoir vraiment strict. Il est aisé de se rendre compte (par la lecture des discussions, qui suivirent les conférences de Léon Bourgeois) que beaucoup d'auditeurs ne se sentaient nullement contraints par une solidarité aussi large. M Boutroux appelait bienfaisante, piété envers les ancêtres l'attitude qui était ainsi fixée aux travailleurs. D'autres, parmi lesquels nous citerons seulement MM. Malapert et Georges Renard, demandaient avec raison au nom de quel principe on imposait la coopération restreinte après avoir rejeté la coopération intégrale, et M. Bourgeois avouait que c'était là le point faible de son système (1).

1 Essai d'une philosophie de la solidarité, *passim*, Revue pédagogique, 15 février 1902, article de M. Marcel Charlot.

La conciliation que nous cherchions entre la solidarité large et de la liberté est impossible si nous nous plaçons au point de vue de l'obligation stricte. D'un côté, comme nous venons de le constater, une telle solidarité ne fonde pas un devoir rigoureux. Même en admettant qu'il en fût ainsi, cette tendance obligatoire entrerait en conflit avec une autre qui nous apparaît comme l'essentiel de la morale.

M. Darlu l'a très bien dit : « La règle supérieure de la loi morale n'est pas : fais ceci ou cela; elle s'exprime ainsi : Sois, sois toi-même et autant qu'il est possible à un homme, vis de la vie de l'esprit » (1). Or, comment résoudre un tel conflit? Dans le doute, nous dit-on, il faut accomplir le devoir le plus excellent, le plus général, le plus rigoureux surtout. Mais il n'est pas prouvé que le devoir de solidarité humaine l'emporte à ces divers points de vue sur celui de liberté.

Collectivistes, solidaristes et libéraux admettent, en effet, que chacun doit tendre à un maximum d'initiative et de puissance. Il n'y a donc pas à choisir entre deux obligations qui sont données simultanément et avec une égale force dans la conscience d'un contemporain. Il faut seulement les limiter l'une par l'autre.

Toute synthèse n'est possible qu'à la condition que

---

1. Solidarité et morale personnelle dans le récent volume *Philosophie de la solidarité*, p. 139.

les éléments qui entrent dans la combinaison soient pris dans des proportions définies. Puisque la conciliation de la solidarité large et de la liberté intégrale ne saurait être exigée en vertu d'un devoir strict, nous rechercherons si une solidarité plus rigoureuse, correspondant aux nécessités vitales de la société et des travailleurs est exclusive d'un minimum de liberté du travail. Nous pourrons alors définir au point de vue moral cette notion de liberté solidaire.

CHAPITRE III

ACCORD DE LA LIBERTÉ ET DE LA SOLIDARITÉ OU LIBERTÉ DU TRAVAIL ET SOLIDARITÉ VITALE. QUELQUES CAS DE CONSCIENCE.

« Posée d'abord en opposition à l'idée de liberté, l'idée de solidarité a dit M. Emile Boutroux, finit par rejoindre cette idée elle-même et par s'y subordonner » (1). Dans le chapitre qui précède nous avons établi cette opposition. Pour le moment il s'agit de montrer la subordination réciproque, ou plus exactement la coordination de ces deux notions.

Commençons pour cela par rendre plus rigoureux le concept de solidarité morale. Une définition de M. Gaston Richard va nous le permettre : « La solidarité morale est l'addition à la responsabilité de chacun, d'une part de la responsabilité totale qui pèse sur le grand être collectif formé par la série des générations

---

1. Essai d'une philosophie de la solidarité, Conférence sur le rôle de l'idée de solidarité, p. 281

d'un même peuple et des membres d'un même état » (1).
Je constate tout d'abord qu'il n'est pas question de
rendre à la collectivité des services équivalents aux
bienfaits reçus d'elle. Le paiement intégral de cette
dette nous paraît impossible. Nous sommes cependant
capables d'apporter à la société dans la mesure de nos
forces un certain concours: « Le bon associé, dit
Renouvier, donne tout ce qu'il a de moyens disponibles » (2). En France la masse a beau faire partie d'associations multiples, elle n'est pas pour cela héroïque.
N'est-ce pas trop exiger d'elle que de la contraindre
en vertu de la dette sociale à s'assurer contre les risques de la solidarité, à subventionner même un
régime de bienfaisance obligatoire? De la dette sociale
on peut tirer une infinité de théories morales. Ces
théories préconisent trop souvent certaines vertus
sociales qu'elles rendent légalement obligatoires à un
degré plus ou moins intense mais toujours arbitraire.
Seule nous paraît rigoureuse la solidarité vitale parce
que seule elle nous fait payer de cette dette trop lourde
qui constitue le legs du passé, la part indispensable à
la société dont nous faisons partie. Dans l'ordre du
travail comme dans le domaine de la vie nationale il
n'y a pas de société possible si chacun n'apporte à
l'œuvre commune un minimum de dévouement, de

---

1. *Le socialisme et la science sociale*, p. 187.
2. *Science de la morale*, t II, pp. 22 et 117.

générosité, de vaillance. La vitalité d'un peuple est faite du concours de tous. Si l'effort de la masse en vue du bien commun est trop faible, le peuple dépérit et se meurt.

La raison du malaise présent nous l'avons découverte dans la grande difficulté qu'éprouvent les travailleurs à se procurer les ressources nécessaires à la vie. Sans doute, le manque d'économie dans les ménages pauvres explique l'état de gêne dans lequel ils se trouvent souvent. Mais il y a d'autres causes du malaise actuel. N'est-il pas regrettable que plusieurs souffrent de la faim malgré leur sobriété et leur vaillance par suite d'une mauvaise santé, du manque de travail et de l'insuffisance des salaires? Si vraiment nous sommes en présence d'un malaise encore restreint heureusement, n'est-il pas vrai que notre société est en partie responsable? n'est-il pas vrai que nous portons tous selon nos ressources une part plus ou moins grande de cette responsabilité? En faisant appel à notre conscience nous aurons bientôt senti que le devoir social sous sa forme expansive consiste à rendre accessibles aux autres les moyens de vivre. C'est ce devoir strict que nous appelons du nom de solidarité vitale. Il nous reste à montrer comment il limite d'une façon nette notre devoir de liberté du travail. Pour cela nous nous poserons quelques cas de conscience.

Je ne sais si vous avez jamais réfléchi à la situation des travailleurs de France. Elle est d'une complexité extraordinaire et nous ne pouvons ici traiter un tel sujet dans toute son ampleur. Nous devons nous en tenir à quelques indications essentielles.

Descendons pour un instant par l'imagination dans un de ces puits de mineur dont M. Charles Benoist nous décrivait naguère avec tant de compétence la complexe organisation. Suivons un de ces ouvriers de fond au teint pâle dans cette atmosphère où la vie la plus robuste s'étiole et la pensée la plus lucide s'éteint. Dans chacun de ces travailleurs obscurs comme une étincelle à demi-éteinte, une conscience se découvre à peine. C'est que la vie est dure au sein de la terre. Lourde est la tâche imposée à chacun. Le mineur qui nous sert de type fait partie d'une équipe qui a son coin à déblayer. Derrière lui des camarades mettent en un tas spécial le charbon ou le minerai qu'il accumule à ses pieds de sa pioche infatigable. Surprenons ce mineur dans son dur labeur et demandons-lui ce qu'il désire.

Il nous répondra d'ordinaire qu'il aspire à un plus grand bien-être, qu'il veut être protégé contre la toute puissance d'une compagnie qui l'exploite. Mais il ne sera pas moins jaloux de garder sa liberté de travailler où il lui plaît et dans les conditions dont il se contente. Que demande-t-il cet ouvrier auquel le temps a fait défaut dans sa jeunesse pour acquérir sur le travail

---

1. *Revue des Deux-Mondes*, n° du 15 septembre 1902.

des connaissances spéciales mais dont l'expérience journalière a complété l'éducation première? Il veut rester lui-même, mineur dans son pays, mais protégé et bien payé, « gagnant (comme disait gaiement l'un d'eux) son petit sept francs » (1). Il veut surtout avoir la certitude de trouver dans le présent et dans l'avenir une place modeste au banquet de la vie. Voilà son rêve. C'est la solidarité vitale qui limite à ses yeux la liberté professionnelle dont il refuse de se départir.

Remontons au-dessus du sol et demandons à cet agriculteur qui respire à pleins poumons l'air pur de la terre natale son sentiment sur sa situation matérielle. Il est triste par nature et fort attaché à son champ le paysan que nous a décrit admirablement mais avec un peu trop de pessimisme Balzac après la Bruyère. De sa bouche nous recueillerons une plainte.

Les temps sont durs, les récoltes mauvaises, les produits à donner. Que manque-t-il à son bonheur ? L'espérance, car il porte lui aussi dans son cerveau, malgré ses dehors simples, tout un monde de rêves irréalisés. Ah! si tous les travailleurs de la terre était vraiment solidaires, si le bien-être acquis ou conservé sans peine ne faisait oublier aux uns la misère des autres, c'est une organisation rationnelle du travail agricole qui serait le but commun des efforts de tous ! Mais cet agriculteur fortuné ou non

---

1. Cf. art. cité, p. 296.

que nous interrogeons au hasard dans une vigne ou sur la lisière d'un bois, a répondu d'après sa conscience à la question que nous lui posions sans le prévenir : il aspire à un monde meilleur que le nôtre ; il veut, tout en gardant son initiative et sa responsabilité, obtenir un plus grand bien-être. Hélas ! c'est un beau rêve que vient dissiper trop souvent la brutale réalité.

Entrons maintenant dans une usine. Dans les vastes ateliers, les machines poursuivent, infatigables, leur mouvement régulier et monotone. Les ouvriers silencieux, absorbés par leur tâche spéciale, font à peine attention à l'étranger venu pour les visiter. — « Combien gagnez-vous par jour, demandons-nous à l'un d'entre eux ? — Quatre francs, me répond-il, mais la vie est si chère surtout lorsqu'on a une famille... » Cet aveu, le métallurgiste n'ose pas toujours le faire, car dans son humble condition il garde sa fierté. Pourtant la vérité c'est qu'il n'est pas heureux. Ses besoins ont augmenté autant que son salaire, de telle sorte que « le superflu d'autrefois est aujourd'hui devenu du nécessaire » (1).

J'éprouvai récemment cette même impression en causant avec un peintre en wagon des environs de Bordeaux. Lorsqu'il fut embauché, on le prit à la

---

1. *Conditions du travail du quart environ des ouvriers de la grande et de la moyenne industrie*, t. IV, p. 288.

tâche. Grâce à un labeur des plus intenses, il parvenait à gagner plus de six francs par jour. Le directeur lui dit bientôt que dorénavant il serait payé à la journée et à raison de 5 fr. 50, pourvu qu'il fournît la même somme de travail. S'il n'acceptait pas, il était aussitôt remplacé Cinquante ouvriers s'étaient ce jour-là même proposés, et plusieurs attendaient impatiemment devant la porte de l'usine la sortie du camarade dont ils convoitaient la place. Le peintre resta tout de même, mais, peu de temps après, son salaire n'était plus que de 5 francs, puis de 4 fr. 50, et il baissa ainsi jusqu'à 3 francs.

A la fin, n'y tenant plus, le pauvre père de famille, dont les forces faiblissaient en même temps que les ressources, quittait sa blouse à l'atelier et prenait congé du directeur qui le remplaça sans peine.

Quand il m'eût raconté son histoire, il termina par cette réflexion qui m'a beaucoup frappé : « Ah ! si nous savions nous entendre pour vivre. Mais il y en a tant qui ne comprennent pas leur intérêt et leur devoir ! »

La solidarité pour l'existence, c'est la revendication qui s'échappe spontanément des lèvres du travailleur ; c'est le devoir nouveau qui jaillit spontanément de sa conscience par suite des nécessités actuelles de l'industrie. Certes, le pauvre peintre qui nous entretenait ne songeait pas à subordonner sa liberté à la réalisation de l'expérience collectiviste. Il était donc (comme beaucoup de gens en France) solidariste sans le savoir.

Ce serait maintenant le moment de reprendre, au point de vue moral et sous la forme de cas de conscience, les problèmes spéciaux hâtivement résolus dans la première et la seconde partie de cette étude. Nous le ferons brièvement tout en essayant cependant de dégager des faits particuliers la loi d'obligation stricte qui les domine.

« Un ouvrier, Joost, avait abandonné le syndicat dont il faisait partie, un syndicat ouvrier de Julieu : il travaillait d'ailleurs le nombre normal d'heures et au salaire normal. Le syndicat le mit en interdit et signifia aux employeurs la défense formelle de l'embaucher, sous peine de désertion de leurs ateliers. Comme la grande majorité des ouvriers de la profession étaient membres du syndicat, Joost trouva que toutes les portes des usines restaient fermées devant lui ; aucun employeur ne se souciait d'affronter une grève qui n'eût pu qu'attester avec plus d'éclat l'omnipotence des syndiqués. Joost assigna le syndicat en dommages-intérêts » (1). Le tribunal de Bourgoin et la Cour de Grenoble donnèrent raison au syndicat qui paraissait avoir seulement songé à la défense de ses intérêts professionnels. Mais la Cour de cassation fit triompher Joost, considérant que le droit de libre

1. Bureau, *Le contrat de travail*, p. 254.

sortie du syndicat deviendrait illusoire si l'on tolérait un tel boycottage.

Mettons-nous tout d'abord en présence d'un syndiqué de Julieu et posons à sa conscience cette question : « Pourquoi poursuivre ainsi par la mise en interdit un ouvrier dissident? » « C'est beaucoup moins, nous dira-t-il, pour le plaisir de nuire à un camarade que par souci de mon intérêt professionnel ». L'ouvrier syndiqué se rend compte, en effet, que la retraite de son associé diminuera d'autant la force de ses revendications. Tout le monde lui reconnaît la faculté de faire grève s'il le juge à propos. Pourquoi ne pourrait-il pas, pour la défense de ses intérêts, user à l'égard des patrons de cette menace de grève qui aboutit à la mise en interdit ? Assurément il est dans son droit en recourant à l'action syndicale. Est-ce à dire que ce droit soit sans limites ? Je ne le pense pas. C'est le cas d'appliquer cet adage juridique : *Summum jus summa injuria.* L'ouvrier syndiqué sait très bien qu'il ne peut poursuivre ses légitimes revendications avec une âpreté et une exigence qui rendraient inaccessibles à son camarade d'hier les moyens de vivre.

Mais il n'est pas prouvé, pour nous en tenir à ce cas spécial, que l'ouvrier Joost, par suite du boycottage, ait été privé des ressources indispensables à l'existence. Les embarras que lui suscita un syndicat mécontent sont (si nous nous plaçons au point de vue de l'intérêt social), largement compensés par les services qu'il rend lui-même à l'industrie par le fait de son groupement. Notons encore que la mise en interdit est une opération dangereuse pour les chefs du syndicat qui courent le risque de se faire renvoyer par les patrons sous un faux prétexte. Il est d'ailleurs au moins douteux que l'ouvrier Joost n'ait pu gagner sa vie soit en changeant de région, soit en prenant une profession similaire. Que pouvait alors un syndicat, même aussi puissant que celui de Julieu, dans un pays aussi vaste et aussi industriel que la France ? Pour combien de patrons la mise en interdit ne valait-elle pas au boycotté la meilleure des recommandations ? N'oublions pas enfin que depuis plusieurs années la situation du boycotté a changé. Le syndiqué dissident Joost serait accueilli à l'heure actuelle par les jaunes qui ne demandent pas mieux que de tendre une main fraternelle aux persécutés de leurs rivaux.

Ainsi parce qu'il n'est pas prouvé que, dans les circonstances présentes, la mise en interdit du syndiqué dissident soit de nature à porter atteinte à son droit à l'existence, Joost pris ici comme le type du boycotté ne nous paraît pas atteint dans sa liberté. Il en serait autrement s'il y avait, comme nous venons de l'indiquer, exercice abusif d'un droit.

Telle est pour nous la réponse de la conscience moderne à la question qui lui était posée. De la solution de ce cas difficile nous tirerons la conclusion qu'elle comporte : la liberté du syndiqué dans ses rapports avec ses camarades a pour limite exacte la solidarité vitale, s'exprimant sous la forme des besoins indispensables des autres travailleurs de la même profession ou des autres professions industrielles, agricoles et commerciales. A ce point de vue, tout ouvrier sera donc libre si ses camarades respectent en lui l'associé professionnel et solidaire qu'ils ne sauraient priver (pas plus du reste qu'eux-mêmes) des moyens de vivre.

Considérons maintenant un travailleur syndiqué ou isolé dans ses rapports avec un patron ou un capitaliste. Reprenons le cas du peintre de Bordeaux qui nous a plus particulièrement impressionné à cause du problème angoissant qu'il pose à toute conscience contemporaine. Nous avons eu le sentiment que malgré son habileté et sa vaillance supérieure à celle de la moyenne de ses camarades, cet ouvrier était impuissant à subvenir aux besoins de sa famille. Que se passait-il dans ce cas heureusement encore assez rare ? Une lutte s'engageait dans cette conscience entre le devoir familial d'une part, et de l'autre le maintien d'une situation qui ne permettrait pas de le remplir. Certains abusaient donc de leur supériorité économique et ne respectaient point la dignité d'un travailleur solidaire. Une atteinte était portée à la liberté parce que le directeur de l'entreprise ne remplissait pas ce devoir de solidarité vitale, par lequel nous ne sommes pas seulement tenus à nous procurer les moyens de vivre, mais aussi dans la mesure de nos ressources à rendre possible aux autres l'accès de ces moyens.

A quelles conditions la liberté du travail eût-elle existé pour le pauvre peintre dont nous analysons l'état d'âme ? Il est clair qu'un salaire minimum et un travail d'une intensité et d'une durée normales constituaient dans l'espèce les conditions essentielles de liberté. Mais nous avons vu plus haut que de telles formules sont l'expression des obligations que la solidarité vitale impose au directeur de l'entreprise dans ses rapports avec les travailleurs à son service

La question maîtresse de notre thèse se présente de nouveau à nous, mais sous son aspect moral cette fois : sous quelle forme le devoir de liberté du travail se pose-t-il à une conscience contemporaine ?

Nous pouvons à présent y répondre. Puisque la liberté du travailleur est une puissance humaine (c'est-à-dire une initiative rendue possible par l'accès aux moyens de vivre) il est permis de conclure que la liberté de l'un a pour limite la solidarité vitale, entendue comme l'expression des conditions d'existence des autres. Ces garanties, une fois assurées à chacun, ce sera donc favoriser la liberté du travail que de laisser à chaque cellule professionnelle le maximum d'initiative dans des limites aussi strictement déterminées. Ce respect à l'égard des autres associés de ce maximum d'initiative a revêtu dans la conscience contemporaine le caractère rigoureux du devoir. Le sentiment de cette obligation professionnelle vient encore renforcer et préciser davantage cette notion morale de liberté qui inspira aux plus grands esprits du xixe siècle des paroles enthousiastes dont nous voudrions à la fin de ce chapitre nous faire nous-mêmes l'écho.

« Comme la liberté qu'il nous faut, disait Benjamin Constant, est différente de celle des anciens, il faut à cette liberté une autre organisation que celle qui pourrait convenir à la liberté antique » (1). Et ce grand initiateur de la pensée moderne limitait de la sorte l'action de la puissance et celle de l'initiative : « Au point où commence l'indépendance et l'existence individuelles s'arrête la juridiction de cette souveraineté » (2).

« Que cette liberté soit aussi large qu'il se pourra, s'écriait après lui M. Taine, voilà en tout temps l'un des grands besoins de l'homme, et voilà de nos jours son besoin le plus fort.... Le premier intérêt de tous c'est d'être contraint le moins possible » (3). Dans une note très suggestive, l'auteur des *Origines de la*

1. Benjamin Constant, *Œuvres politiques*, éd. Louandre, t. I, p. 281.
2. Benjamin Constant, *op. cit*, t. I, p. 13.
3. Taine, *op. cit.*; *La Révolution*, t. I, p. 172.

France contemporaine délimite ensuite (comme nous l'avons fait nous-mêmes) la liberté individuelle par les conditions vitales d'une société déterminée :

« Chaque société, nous dit-il, a ses éléments, sa structure, son histoire, ses alentours qui lui sont propres et partant ses conditions vitales qui lui sont propres.... En chaque siècle et en chaque pays ces conditions vitales sont exprimées par des consignes plus ou moins héréditaires, qui prescrivent ou interdisent telle ou telle classe d'actions. Quand l'individu pense à l'une de ces consignes, il se sent obligé ; quand il y manque il a des remords : le conflit moral est la lutte intérieure qui s'engage entre la consigne générale et le désir personnel.

Dans notre société européenne la condition vitale et partant la consigne générale, est le respect de chacun pour soi et pour les autres (y compris les femmes et les enfants). Cette consigne nouvelle a sur les précédentes un avantage singulier : chaque individu étant respecté, peut se développer selon sa nature propre, partant inventer en tous sens, produire en tout genre, être utile à soi-même et aux autres de toutes façons, ce qui rend la société capable d'un développement indéfini » (1).

Mais nous sommes allés plus loin que Taine dans

1. *Origines de la France contemporaine, la Révolution*, t. I, p. 158.

la voie qu'il nous a tracée. Les nécessités vitales d'une société, disait en substance ce grand écrivain, nous permettent de déterminer le devoir présent. Nous ajoutons que ces mêmes nécessités considérées chez nos coassociés limitent d'une façon stricte la liberté du travail.

C'est à des conclusions analogues qu'aboutissait dernièrement Sanz y Escartino dans son récent ouvrage : *L'Individu et la Réforme sociale* : « La morale, dit-il, étant au fond la direction de la conduite en harmonie avec les nécessités sociales, il est naturel que ces préceptes soit d'autant plus universellement acceptés qu'ils sont plus nécessaires à l'existence d'un état social si élémentaire qu'il soit » (1). Mais la clarté de l'intelligence, la liberté, la justice, la solidarité répondent, comme le prouve très bien le sociologue espagnol, aux exigences de notre société contemporaine. Ce sont là autant de devoirs qui se limitent les uns les autres.

Quelle limite pourrions-nous donc assigner au devoir de liberté sinon celle-ci qui se dégage des faits actuels et qu'exprime la conscience du sociologue comme celle du travailleur moderne : « Chacun a le devoir de disposer du maximum d'initiative compatible avec les nécessités vitales de ses coassociés, de ses directeurs de travail, de son État » ?

1. Cf. *op. cit.*, p. 271.

La liberté du travail ainsi entendue, c'est-à-dire considérée comme un maximum d'initiative rendu possible par l'accès aux moyens d'existence, n'est pas seulement un droit, c'est pour le Français de notre génération le besoin le plus urgent. Volontiers, en effet, nous dirions avec Sanz y Escartino dont les vues offrent tant d'analogie avec les nôtres. « L'émancipation économique du travailleur, c'est-à-dire la certitude d'obtenir par son travail le nécessaire pour vivre d'une vie humaine en harmonie avec le progrès des siècles est le plus ferme fondement de l'œuvre de réforme sociale que réclame l'état présent de la société » (1). Mais la liberté du travail constitue plus qu'un droit, et qu'un besoin social. Elle s'identifie avec le devoir professionnel.

Elle est ce devoir même considéré dans le foyer de son rayonnement. Si l'individu a des devoirs envers le prochain dont il ne doit ni violenter la liberté ni rendre l'existence impossible, il a aussi des devoirs envers lui-même. Ne doit-il pas défendre sa liberté, et conserver sa vie ? Voilà pourquoi l'obligation de liberté est tout à la fois individuelle et sociale. Bien plus c'est par elle que nous arrivons à saisir le passage de la morale individuelle à la morale sociale.

D'une telle obligation le devoir de justice est inséparable. Lorsqu'on nous demande, en effet, au nom

---

1. Cf. *op. cit.*, p. 225.

de la stricte justice de rendre à chacun ce qui lui est dû, on veut que nous respections chez les autres tout à la fois cette dignité et ce développement de la personne humaine auxquels nous tenons tant pour nous-mêmes. Nous pratiquons la justice en rendant possibles l'initiative et l'existence d'autrui. Voilà ce qu'implique le respect du droit et de la liberté d'autrui.

Liberté et justice stricte sont donc deux formes diverses du devoir social fondamental.

La première forme exprime comme un resserrement de notre conscience qui se ressaisit et se possède à l'exclusion d'autrui.

La seconde correspond à une expansion de cette même conscience pour accomplir sa consigne de solidarité vitale.

Ainsi se réalise au plus profond de nous-mêmes l'harmonieux accord de la justice stricte ou de la solidarité vitale qui l'exprime, avec la liberté du travail.

CHAPITRE IV

NÉCESSITÉ SOCIALE DU SACRIFICE PROFESSIONNEL OU LE MOYEN DE RÉALISER PRATIQUEMENT L'ACCORD PARFAIT DE LA SOLIDARITÉ VITALE DE LA LIBERTÉ DU TRAVAIL.

Au risque de revenir sur des distinctions déjà faites ou des définitions déjà données nous croyons utile afin d'écarter toute confusion d'insister sur le sens que nous attribuons ici aux mots solidarité humaine, solidarité vitale. La première exprime l'interdépendance qui résulte pour les hommes du fait de leur association naturelle ou volontaire (1). Considérée au point de vue national, elle signifie que les citoyens d'un même pays sont tenus à une réciprocité d'action correspondant à l'état de la civilisation contemporaine. Le mot solidarité humaine a donc un double sens. Il désigne tout à la fois le fait historique de l'interdépendance et le devoir social qui en résulte. En ce sens il ressemble

---

1. Conférences sur la solidarité, Préface de M. Alfred Croiset, *passim*, pp. I à XIII.

fort au terme justice sociale. S'il en diffère c'est qu'il apporte avec soi le motif de l'accomplissement du devoir de justice. Pourquoi faut-il en effet respecter le droit d'autrui sinon parce que nous sommes tous solidaires?

Mais de même qu'il y a une justice sociale large et une justice sociale stricte, il y a aussi une solidarité vitale. Cette dernière correspond aux besoins indispensables aux travailleurs et à la société dans laquelle ils vivent. Elle constitue un devoir rigoureux dont l'Etat peut exiger la réalisation tandis qu'il ne saurait le faire pour un devoir aussi étendu et aussi lourd que celui de solidarité humaine.

C'est une chose étrange et pourtant vraie, la solidarité ne saurait exister dans une société qui ne renfermerait pas une élite allant au delà du devoir strict et tendant à rendre accessibles à tous, les bienfaits de la solidarité humaine. Ainsi il y aurait une générosité d'âme, un sacrifice professionnel socialement nécessaires pour réaliser l'accord parfait de la solidarité vitale et de la liberté du travail. Nous allons le montrer dans le détail. Constatons tout d'abord combien il est difficile d'assurer l'accomplissement par tous du devoir social le plus strict. Les questions de salaire et de durée du travail sont si relatives et si complexes qu'une règle uniforme ne paraît ni possible ni réalisable. Aussi pour être assuré d'atteindre un but, il faut chercher à le dépasser. Pour réaliser un idéal de solidarité vitale, il faut se proposer un idéal de solidarité humaine.

Nous entrons ici dans une sphère où socialistes et solidaristes doivent s'entendre, leur programme étant sensiblement le même. Les uns et les autres cherchent en effet dans le groupement professionnel les conditions d'un plus grand bien-être. Seulement les moyens choisis diffèrent. Pour les socialistes, il faut avoir recours à la coopération forcée étendue à des groupements très vastes, ce qui l'expose beaucoup au danger de devenir tyrannique. Pour les solidaristes la coopération doit être volontaire, limitée dans le temps, restreinte le plus souvent à des groupements peu étendus en harmonie avec les besoins actuels de l'industrie et de l'agriculture. Cette coopération libre constitue à nos yeux le sacrifice professionnel que nous jugeons nécessaire au moment présent pour le relèvement de notre société contemporaine.

Nous avons montré plus haut comment sous l'influence de la pression capitaliste et des violences de de certains syndiqués une crise de la liberté du travail sévit dans notre pays. Cette crise nous l'avons exprimée dans notre seconde partie sous sa forme sociologique, et nous avons vu qu'elle se traduisait par un manque d'intégration sociale. La moyenne des travailleurs français, avons-nous dit, éprouve beaucoup de peine pour se procurer par son travail les ressources nécessaires. En empruntant à la sociologie contemporaine son langage rigoureux nous ajouterons : tout organisme social doit pour subsister avoir un certain volume (1) et une certaine densité à la fois matérielle et morale. Aux moments de crise cette densité et ce volume sont insuffisants. Il est aisé de le constater en considérant une société en dissolution.

Pourquoi la nationalité française en décomposition pendant le règne de Charles VI et la première partie de celui de Charles VII se relève-t-elle subitement au point de chasser du sol de la patrie l'Anglais victorieux ? C'est qu'une fille du peuple apparaissant devant les murs d'Orléans électrisa par sa foi nationale les guerriers abattus. Le 8 mai 1429, Jeanne d'Arc délivrait la ville forte. Bientôt c'était le tour des provinces de l'Est et du Nord. L'Anglais était sur tous les points mis en fuite. Une étincelle d'amour jaillissant de l'âme d'une bergère avait suffi pour relever la France à l'agonie.

Voilà le fait constant que nous retrouvons dans une

---

1. Nous appelons avec Durkheim : *volume d'une société*, « le nombre des unités sociales » ; *densité matérielle*, le degré de concentration dû au développement des communications, aux modes de production économique et au nombre d'habitants par unité de surface ; *densité morale* ou dynamique, le degré de concentration d'une masse vivant d'une vie commune. Enfin l'*intégration* n'est autre chose que le lien qui unit étroitement à l'organisme social les membres divers qui s'en détacheraient sans cela. *Règles de la méthode sociologique*, pp. 139, 140 et 141. 2ᵉ Edition.

société qui sort de l'état de crise. Sa densité à la fois matérielle et morale a augmenté (1).

Ce n'est point là assurément un pur effet du hasard. Par lui-même le hasard n'est pas la source d'une énergie nouvelle. Il peut seulement favoriser l'effort du héros social, de l'élite et de la masse. L'accroissement de densité morale d'une société (2) était souvent dans le passé l'œuvre du héros social. Aujourd'hui un tel résultat ne saurait être atteint au point de vue économique si une élite professionnelle ne vient seconder les efforts de la masse. Une société constitue en effet à l'heure actuelle un organisme trop vaste et trop complexe pour qu'un individu puisse espérer communi-

1. Voici la forme schématique sous laquelle nous pourrions exprimer cet accroissement de densité en traduisant cet

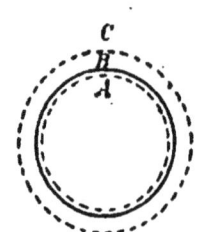

accroissement par une augmentation approximativement égale du volume social. Si la densité d'une société à l'état de crise atteint la limite marquée par la circonférence A, pour sortir de l'état de crise, il faudra que l'effort de la masse sous l'influence de l'élite déborde la circonférence B et vienne en C par exemple. Le cercle B représente l'intensité de l'effort social nécessaire à un moment de l'évolution dans un pays ou un groupement quelconque.

2. Densité morale et intégration sont pour nous des expressions équivalentes. Cependant le second terme est plus suggestif que le premier. Il ne marque pas seulement le résultat d'une action, il évoque dans notre esprit la réalisation de cette action même.

quer à la foule l'élan généreux qui la sauvera. L'action d'une élite est aujourd'hui plus nécessaire que jamais pour suppléer à l'insuffisance de l'intégration sociale. Il faut que l'élite compense ce manque d'expansion en propageant à travers la foule ses généreuses conceptions. Mais il ne doit pas lui suffire de proposer à notre société contemporaine l'idéal solidariste qui jaillit de ses entrailles. Elle voudra le lui faire aimer et appliquer.

Le voyageur qui s'attarde à considérer du rivage une mer agitée, jouit parfois d'un splendide spectacle. Devant lui une vague presque imperceptible d'abord grossit démesurément à mesure qu'elle se rapproche de la côte. L'énorme masse d'eau s'élève bien au-dessus des flots qui l'entourent pour retomber bientôt en gerbe magnifique après avoir vainement essayé de s'élancer jusqu'au cieux.

Ainsi parmi la foule on voit parfois le grand homme émerger. Mais comme la vague il est porté par une masse qui le soutient et lui permet d'atteindre les sommets de la pensée, de l'art, ou de la vie sociale. Au moment présent c'est à l'élite qu'est dévolu le rôle du grand homme. Or pour une telle tâche, elle ne peut se passer du concours de la masse. Plus le monde progresse et plus l'apport social de tous doit être intense. La civilisation en nous réservant tous les jours de nouveaux bienfaits accroît d'autant nos charges. Pour que la société antique subsistât il suffisait que le devoir social fût rempli par une classe d'esclaves placés sous la domination d'un tyran ou d'une aristocratie despote. La société moderne ne saurait réaliser son idéal sans le concours permanent de tous ses membres.

Les devoirs de solidarité et de liberté sociale s'imposent déjà à toute conscience contemporaine, et ils seront d'autant plus rigoureux que le progrès suivra une marche plus rapide dans notre Europe occidentale. Peut-être après plusieurs siècles, à la suite du perfectionnement social de l'humanité, tel devoir large deviendra devoir strict. Peut-être la solidarité humaine se confondra-t-elle un jour pour la masse avec la solidarité vitale, chacun ne voulant vivre que pour assurer à soi-même et aux autres le développement intégral de toutes les facultés. Lorsque le progrès de la conscience sociale permettra d'espérer que l'immense majorité des travailleurs trouvera son intérêt personnel dans la recherche du bien-être général, ce jour là une révolution ne sera pas nécessaire pour assurer le plein épanouissement de l'individualité humaine. Le sacrifice professionnel rendu obligatoire pour tous, sera la conséquence naturelle de l'évolution morale des travailleurs et du perfectionnement des formes sociales. L'associé pourra sans rien perdre de son initiative lier son sort à celui de ses coassociés le jour où il sera assuré que l'entreprise commune réussira, ce qui implique nous l'avons dit la convergence permanente des efforts de tous.

Mais le devoir de l'avenir est bien problématique. D'une part les conditions sociales des siècles futurs nous sont inconnues; de l'autre l'évolution morale des sociétés est bien lente, et je comprends cette plainte arrachée à Michelet par le spectacle de la triste réalité : « Le cœur se serre à la pensée que la force morale seule ne s'accroît pas dans le monde. » Mettons-nous donc en présence du devoir présent entendu dans un sens large.

« C'est en se donnant, a dit M. Boutroux, qu'on acquiert une âme et une conscience vraiment humaines » (1). L'élite des travailleurs ne reculera pas devant l'accomplissement de ce devoir de générosité si nécessaire à la société française. En faisant partie d'un groupement professionnel à son choix, le travailleur ne cessera pas de s'appartenir. S'il devient le coassocié de camarades honnêtes, habiles et vaillants, il verra son âme sociale s'élargir. Or cet enrichissement ne se manifestera pas seulement par un accroissement des bienfaits sans nombre dont l'association est la source. Il se traduira par une augmentation de sécurité et de liberté(2). Le travailleur n'aura plus à craindre la pres-

1. *Philosophie de la solidarité*, p. 285.
2. Levasseur. *Histoire des classes ouvrières en France depuis 1789.* « Le progrès de la science et de la moralité ne supprime pas, mais il aide à franchir de pareils obstacles », t. II, p. 538.

sion capitaliste que favorise le manque de travail et de ressources. Quand le chêne grandit ce n'est pas seulement son enveloppe externe qui s'élargit : le cœur du grand arbre croît en même temps. Ainsi en sera-t-il pour l'âme sociale du travailleur. S'il sait se placer dans les meilleures conditions de son développement, c'est tout son être qui grandira et par suite, la partie la plus intime de lui-même — sa liberté — s'étendra d'autant.

Quelles sont donc à l'heure actuelle ces conditions ? Nous l'avons montré dans notre partie économique, l'association professionnelle limitée, organisée, jouissant de la capacité civile et juridique, protégée et subventionnée par l'Etat répond aux besoins actuels de l'industrie. Elle ne répond pas moins à l'obligation qui incombe au travailleur de pourvoir à ses besoins ainsi qu'à ceux de sa famille. Le seul danger à redouter c'est que l'ouvrier ne sache pas discerner ceux qui par leur dévouement à l'œuvre commune méritent d'être ses coassociés. Mais pour un inconvénient que d'avantages une telle association ne présente-t-elle pas ? Elle ne met sans doute pas le travailleur à l'abri de tous les risques ; toutefois elle les diminue sensiblement. N'est-il pas de toute évidence que le travail organisé est plus productif que le travail libre ?

Pour montrer avec plus de netteté encore que ce sacrifice actuellement obligatoire pour l'élite n'est pas incompatible avec la liberté du travailleur nous citerons en terminant quelques passages de Prins et de Marion.

« Toute association dit Prins, exige de ses membres un certain esprit de sacrifice. Chacun y donne quelque chose de soi en faveur des autres. Chacun renonce volontairement à une part de liberté en faveur d'avantages que lui fournit le groupe; et chaque groupe accepte volontairement de se soumettre nécessairement à des règles nécessaires en faveur du but spécial qu'il poursuit... » (1). « L'association actuelle, ajoute-t-il, n'absorbe plus la totalité de la personne ; ne garantissant à l'individu qu'un résultat déterminé, elle n'a vis-à-vis de lui que des exigences restreintes... La spécialisation du but entraîne nécessairement la spécialisation du sacrifice que chacun doit à son groupe » (2).

M. Marion s'exprimait dans le même sens dans son bel ouvrage sur la *Solidarité morale* : « Il suffit, disait-il, que l'individu ne se laisse pas comprimer par son milieu pour que la solidarité sociale lui vienne doublement en aide » (3). M. Marion expliquait ensuite comment ce secours aboutissait à une plus sûre conservation et à une plus large expansion de tout notre être. Telle est la conclusion à laquelle nous nous arrêtons nous-même en substituant aux mots conser-

1. *L'organisation de la liberté*, pp. 127 et 128.
2. *L'organisation de la liberté*, op. cit., p. 137.
3. *Solidarité morale*, p. 314.

vation, expansion, leurs équivalents dans la catégorie du travail : liberté et solidarité vitale.

La limitation mutuelle de ces deux notions nous a fourni le devoir strict qui s'impose à tous. Le sacrifice partiel de la liberté du travail en vue d'une solidarité humaine, nous est apparu de même comme constituant le devoir large de la foule et le devoir strict de l'élite. C'est le vrai moyen de remédier à la crise économique actuelle, conséquence inévitable de l'application insuffisante par la masse des préceptes rigoureux de liberté du travail et de solidarité vitale. C'est aussi la meilleure façon de réaliser toutes les aspirations du travailleur moderne qui par moments entend retentir au fond de lui-même une voix mystérieuse lui parlant à peu près de la sorte : « Travailleur des mains ou du cerveau, tire de tes facultés le meilleur parti en donnant toute ta mesure. Sois toi-même, mais deviens grâce à l'association plus grand, plus beau, plus heureux aussi, mais surtout plus généreux, car tu es solidaire de tes ancêtres comme de tes contemporains et tu ne peux séparer ta cause de celle de l'humanité ».

CONCLUSION

Nous avons essayé de définir la liberté du travail en fonction de la solidarité vitale. Or à mesure que nous nous élevions de l'économie politique à la sociologie et de la sociologie à la morale, nous voyions cette notion revêtir des nuances diverses au contact de la solidarité vitale.

D'abord elle nous apparaissait comme un maximum de responsabilité économique, je dirai même de caprice compatible avec les nécessités d'existence des autres travailleurs groupés ou isolés, des patrons, de l'Etat, ainsi que des concurrents étrangers. Le juste salaire correspondant au coût de la vie exprimait à nos yeux les besoins essentiels de l'*homo œconomicus*.

Puis envisageant la question sous un aspect plus général, (celui des rapports de l'individu et de la collectivité), nous découvrions dans l'âme même du travailleur deux sphères distinctes : d'un côté nous remarquions qu'une partie de lui-même ne lui appartenait pas, car la société redemandait pour ses besoins essentiels un peu de cette vie qu'elle lui avait prêtée ; de l'autre nous pénétrions au plus intime de son être, dans ce domaine d'autonomie et de pleine initiative qui constitue la personnalité du travailleur. Cette personnalité nous la caractérisions par un maximum d'initiative rendu possible par un minimum de jouissances matérielles. Tandis que les garanties d'existence formaient comme l'organisme de la liberté du travailleur, tout le développement spontané compatible avec les nécessités d'existence des autres hommes devenait à nos yeux son âme agissante.

En agissant de la sorte nous trouvions selon le mot de M. Marion « plus de cohésion dans une plus constante réciprocité d'action » (1). La liberté professionnelle ne pouvait plus être considérée comme un pur caprice, une forme de l'intérêt individuel ou encore l'expression d'un droit. Elle prenait dans notre conscience morale l'aspect du plus sacré des devoirs : « Tout travailleur, disions-nous, doit tendre au plein développement de lui-même tout en rendant possible aux autres l'accomplissement de leur devoir de vivre ».

A ce dernier point de vue c'était encore la solidarité vitale qui limitait la liberté du travailleur. Mais cette loi suprême de toute vie sociale revêtait au point de vue moral une splendeur plus grande. De ce sommet de nous-mêmes où la vérité, la beauté et le bien se

1. *Solidarité morale, passim.*

confondent dans une même lumière chaude et sereine, des perspectives nouvelles sur la liberté du travail nous attendaient. Pour rendre parfait l'accord de la liberté et de la solidarité, il nous semblait nécessaire que chacun payât à la société sa dette rigoureuse. Mais cette conciliation était encore théorique. Elle ne tenait pas suffisamment compte du manque d'intégration sociale, résultat nécessaire du peu de développement de la moralité professionnelle chez la masse au moment de crise que nous traversons. Il fallait donc aller plus loin que le devoir strict, et demander à toutes les bonnes volontés de remédier par un concours plus généreux encore à l'insuffisance de l'apport des paresseux, des ouvriers sans travail et des infirmes.

Ce supplément d'effort constitue à l'heure présente pour tous les travailleurs un devoir large auquel ils ne peuvent se soustraire. Mais c'est surtout à l'élite qu'incombe cette tâche héroïque. Elle doit par générosité d'âme sauver avec sa liberté celle des autres. Le moyen le plus sûr pour elle d'atteindre ce but sera le sacrifice partiel de son initiative économique en vue d'une solidarité plus grande. En coopérant à l'organisation rationnelle des forces vitales de notre pays, l'élite professionnelle ou intellectuelle n'a-t-elle pas la certitude de retrouver, la tâche commune une fois accomplie, cette initiative même décuplée par l'association?

Après avoir défini en fonction de la solidarité vitale la liberté du travail, nous voudrions en terminant replacer cette notion dans son milieu.

« Une en son principe, disait dans un article sur Jules Simon M. Liard, en fait la liberté se divise ; mais parce qu'elles dérivent toutes du même principe, toutes les libertés sont solidaires, et entre elles il y a génération mutuelle. Libertés civiles, libertés politiques, liberté de conscience, liberté religieuse, liberté de toutes les manifestations de la pensée ne sont qu'organes divers de cette liberté primordiale et fondamentale qui est la liberté intérieure de la personne humaine. Les libertés même d'ordre matériel, liberté du travail, liberté des échanges, qui ont une valeur propre comme causes de richesses ont aussi comme les autres une valeur morale, et sont comme les autres des agents d'affranchissement (1). »

Ces diverses libertés ont été admirablement définies par Benjamin Constant dans une magnifique page : « Demandez-vous d'abord, disait-il dans un discours qu'il prononçait à l'Athénée de Paris, ce que de nos jours un Anglais, un Français, un habitant des Etats-Unis de l'Amérique, entendent par le mot de liberté ?

C'est pour chacun le droit de n'être soumis qu'aux lois, de ne pouvoir être ni arrêté, ni détenu, ni mis à mort, ni maltraité d'aucune manière, par l'effet de la

1. *Revue de Paris*, n° de mars 1898, p. 39.

volonté arbitraire d'un ou de plusieurs individus. C'est pour chacun le droit de dire son opinion, de choisir son industrie et de l'exercer; de disposer de sa propriété, d'en abuser même; d'aller, de venir, sans en obtenir la permission et sans rendre compte de ses motifs ou de ses démarches; c'est pour chacun le droit de se réunir à d'autres individus, soit pour conférer sur ses intérêts, soit pour professer le culte que lui et ses associés préfèrent, soit simplement pour remplir ses jours et ses heures d'une manière plus conforme à ses inclinations, à ses fantaisies. Enfin, c'est le droit pour chacun, d'influer sur l'administration du gouvernement, soit par la nomination de tous ou certains fonctionnaires, soit par des représentations, des pétitions, des demandes, que l'autorité est plus ou moins obligée de prendre en considération » (1).

Replacer la liberté du travail dans son milieu ce n'est pas seulement la rapprocher des diverses libertés que nous venons d'énumérer. C'est surtout se demander si elle est vraiment solidaire de ces libertés.

« Ce qui est libre au fond de nous, disait M. Marion, est toujours solidaire de tout ce qui compose notre individualité » (2). Faisons l'application au travailleur de cette profonde parole.

1. Benjamin Constant, *Œuvres politiques*. éd. Louandre, t. I, p. 260
2. *Solidarité morale*, p. 307.

A cause de l'interdépendance de tous les faits et de tous les domaines (interdépendance exprimée par le mot solidarité) il suffit qu'une liberté soit menacée pour que toutes les autres le soient du même coup. Contentons-nous d'indiquer ici comment la liberté du travail peut être mise en danger par l'intolérance en matière politique ou religieuse.

Les droits civils et politiques sont-ils méconnus ou démesurément étendus dans une société, comment la répercussion d'un tel excès ne se ferait-elle pas sentir dans le domaine du travail ? Benjamin Constant l'a très bien montré pour la société antique. Elle absorba la liberté du travail dans une fausse conception de la liberté politique, et consacra l'asservissement complet de l'individu et du travailleur à l'Etat souverain (1). Un pareil danger menace la société moderne, car elle aussi peut abuser de sa liberté politique (2). Le jour où cette dernière exigerait qu'on lui sacrifiât toutes les autres, verrait le travailleur redevenir esclave.

Mais la catastrophe de la liberté du travail peut également être entraînée par l'oppression des conscien-

1. *Œuvres politiques*, Ed. Louandre, pp. 260, 269, 275, 278, 279.
2. Faguet, *Revue des Deux-Mondes*, 1er août 1901, p. 641. « De ce que le peuple est libre comme peuple, il ne s'ensuit nullement que le citoyen le soit, et le peuple peut librement voter des lois épouvantablement oppressives pour chaque citoyen », et p. 642 : « Un peuple croit avoir fondé la liberté quand il n'a que déplacé la souveraineté ».

ces. C'est encore Benjamin Constant qui sera sur ce point notre initiateur. « L'époque où le sentiment religieux disparaît de l'âme des hommes est toujours voisine de celle de leur asservissement. Des peuples religieux ont pu être esclaves, aucun peuple irréligieux n'est demeuré libre » (1). Nous devons en effet tenir compte ici de certaines influences historiques dont nous avons fait plus haut abstraction pour des raisons de méthode (2). Il est évident que beaucoup de gens en France adhèrent à une religion. Mais si les croyances morales ou religieuses cessaient d'être libres dans notre pays, si la tolérance n'était plus de mise à l'égard de ceux qui ne pensent pas comme nous, comment la paix sociale serait-elle possible ? Ces dissensions violentes auraient assurément pour effet d'accentuer encore le désaccord des intérêts.

Loin de porter atteinte à la liberté du travail un régime de tolérance la favorise. Notre société ne souffre-t-elle pas d'un manque d'intégration dont nous avons trouvé la cause dans le développement insuffisant de la moralité dans les masses? N'est-il pas dès lors socialement nécessaire de favoriser l'expansion des religions qui sont des sources intarissables de vertus et d'héroïsme ?

1. *Op. cit.*, t. I, pp. 186-187, De la liberté individuelle.
2. « Vouloir faire abstraction de croyances et de sentiments enracinés dans la vie sociale de millions d'âmes c'est une folie ». Stein, *La question sociale*, p. 289.

Jetons maintenant un dernier regard sur la personne du travailleur libre et solidaire. Il n'a d'autre limite à son initiative que les besoins vitaux de ses camarades considérés comme producteurs ou comme membres des divers groupements qui l'enserrent. Il se considère comme strictement tenu de tendre au maximum de développement personnel compatible avec le devoir d'existence qui incombe à ses camarades (1). Bien plus, par générosité d'âme, il dépasse la limite du devoir strict pour sauver une société qui a de la peine à se suffire. Il fait du bien autour de lui ; mais surtout il entre dans ces associations professionnelles qui lui donnent la certitude d'accroître encore sa liberté et ses jouissances par le sacrifice partiel de son initiative en vue d'une solidarité plus large. C'est ainsi qu'il sculpte en lui-même, comme l'artiste dans le marbre, la statue vivante de sa Liberté.

1. Lalande, *La dissolution opposée à l'évolution*, p. 452. « Être soi ne veut pas dire être la négation et l'opposé des « autres... On est une haute personnalité morale, non par « ses singularités individuelles, mais par la largeur de « cette conscience sociale qui fait participer le vivant que « nous sommes à l'héritage commun de l'humanité ». Voir aussi p. 455.

VU :
Le professeur, président de la thèse,
C. BOUGLÉ.

VU :
Le Doyen,
E. MÉRIMÉE.

VU ET PERMIS D'IMPRIMER :

TOULOUSE, 19 FÉVRIER 1903 :
Le Recteur, président
du Conseil de l'Université,
PERROUD.

TABLE DES MATIÈRES

	Pages
Préface	1

LIVRE I
Partie économique

Préliminaires. — La crise de la liberté économique et la position du problème	1
Chapitre I. — Conception de la liberté collective d'après Jaurès	6
Chapitre II. — Conceptions libérales de la liberté économique. . . , ...	28
Chapitre III. — Conception de la liberté isolée d'après Leroy-Beaulieu . . . . , . . .	31
Chapitre IV. — Conception de la liberté protégée d'après Deschanel	50
Chapitre V. — Critique des trois conceptions de la liberté du travail : liberté collective, liberté isolée et liberté protégée ou solidaire..	68
Chapitre VI. — Conception personnelle de la liberté solidaire dans le présent et dans l'avenir ou limitation de la liberté économique par la solidarité vitale	78

LIVRE II
Partie sociologique

CHAPITRE I. — Existe-t-il une sociologie scientifique nous permettant de reprendre sous une forme plus positive le problème de la liberté du travail dans ses rapports avec la solidarité ? ... 123

CHAPITRE II. — Conception sociologique de la liberté du travail d'après Durkheim et de Roberty au double point de vue dynamique et statique ... 135

CHAPITRE III. — La liberté du travail en sociologie statique. Exposé personnel ... 157

CHAPITRE IV. — Application pratique de l'idéal de liberté sociologique ... 172

LIVRE III
Partie morale

CHAPITRE I. — Préliminaires. — Bases expérimentales d'un idéal moral. — Science de la morale et morale sociologique. — Un des problèmes fondamentaux est celui des rapports de la solidarité et de la liberté du travail. — Complexité de ce problème. — Comment se pose-t-il ? ... 179

CHAPITRE II. — Conflit de la solidarité large et de la liberté du travail ... 186

CHAPITRE III. — Accord de la liberté et de la solidarité ou liberté du travail et solidarité vitale. — Quelques cas de conscience ... 196

CHAPITRE IV. — Nécessité sociale du sacrifice, ou le moyen de réaliser dans la pratique l'accord parfait de la liberté du travail et de la solidarité vitale 213

Conclusion. — La liberté du travail est solidaire des autres libertés et de la justice sociale stricte ou large considérée dans tous les domaines 224

LAVAL. — Imprimerie parisienne, L. BARNÉOUD & C⁰.

BIBLIOTHÈQUE SOCIOLOGIQUE INTERNATIONALE

Publiée sous la direction de M. RENÉ WORMS
Secrétaire-Général de l'Institut International de Sociologie

Cette collection se compose de volumes in-8°, reliure souple (1)

ONT PARU :

I. **WORMS** (René) : *Organisme et Société*, 1896.................. 8 fr. »

II. **LILIENFELD** (Paul de), ancien président de l'Institut international de Sociologie. *La pathologie sociale*, 1896...................... 8 fr. »

III. **NITTI** (Francesco S.), professeur à l'Université de Naples, membre de l'Institut international de Sociologie : *La population et le système social*, 1897... 7 fr. »

IV. **POSADA** (Adolfo), professeur à l'Université d'Oviedo : *Théories modernes sur les origines de la famille, de la société et de l'Etat*... 6 fr. »

V. **BALICKI** (Sigismond), associé de l'Institut international de Sociologie : *L'Etat comme organisation coercitive de la société polit.*, 1896. 6 fr. »

VI. **NOVICOW** (Jacques), membre et ancien vice-président de l'Institut international de Sociologie : *Conscience et volonté sociales*...... 6 fr. »

VII. **GIDDINGS** (Franklin H.), professeur à l'Université de Colombie (New-York : *Principes de Sociologie*, 1897....................... 8 fr. »

VIII. **LORIA** (Achille), professeur à l'Université de Padoue : *Problèmes sociaux contemporains*, 1897.. 6 fr. »

IX-X. **VIGNES** (Maurice), chargé du cours d'économie politique à l'Université de Grenoble : *La science sociale d'après les principes de Le Play et de ses continuateurs*, 2 volumes, 1897............................ 20 fr. »

XI. **VACCARO** (M.-A.), membre de l'Institut international de Sociologie : *Les bases sociologiques du droit et de l'Etat*, 1898............. 10 fr. »

XII. **GUMPLOWICZ** (Louis), professeur à l'Université de Graz : *Sociologie et politique*, 1898....................................... 8 fr. »

XIII. **SIGHELE** (Scipio), agrégé à l'Université de Pise : *Psychologie des Sectes*, 1898... 7 fr. »

XIV. **TARDE** (G.), membre de l'Institut international de Sociologie : *Etudes de psychologie sociale*, 1898............................... 9 fr. »

XV. **KOVALEWSKY** (Maxime), ancien professeur à l'Université de Moscou : *Le régime économique de la Russie*, 1898.................... 9 fr. »

XVI. **STARCKE** (C. N.), privat-docent à l'Université de Copenhague : *La famille dans les différentes sociétés*, 1899.................... 7 fr. »

XVII. **GRASSERIE** (R. de la), associé de l'Institut international de Sociologie : *Des religions comparées au point de vue sociologique*, 1899..... 9 fr. »

XVIII. **BALDWIN** (J.-M.), professeur à l'Université de Princetown : *Interprétation sociale et morale des principes du développement mental. Etude de psycho-sociologie*, 1899................................. 12 fr. »

XIX. **DUPRAT** (G.-L.), professeur de philosophie : *Science morale et Démocratie. Essai de philosophie sociale*, 1900..................... 8 fr. »

XX. **LAPLAIGNE** (H.), membre de la Société de Sociologie de Paris : *La morale d'un Egoïste. Essai de morale sociale*, 1900............. 7 fr. »

XXI. **LOURBET** (J.), membre de la Société de Sociologie de Paris : *Le Problème des Sexes*, 1900.. 7 fr. »

XXII. **BOMBARD** (Colonel), *La marche de l'Humanité et les Grands hommes d'après la doctrine positive*, 1900.............................. 8 fr. »

XXIII. **GRASSERIE** (R. de la), associé de l'Institut international de Sociologie : *Des principes sociologiques de la Criminologie*, avec une préface de C. Lombroso, 1901.. 10 fr. »

XXIV. **POUZOL** (Abel) : *La Recherche de la Paternité*............... 12 fr. »

XXV. **BAUER** (Arthur) : *Les Classes Sociales*....................... 9 fr. »

PARAITRONT SUCCESSIVEMENT

LETOURNEAU (Ch.), membre de l'Institut International de Sociologie : *La Condition de la Femme dans les diverses races et civilisations*.

COSTA (Joaquin), membre de l'Académie royale de Madrid et de l'Institut international de Sociologie : *Le collectivisme en Espagne, les doctrines et les faits*.

KOVALEWSKY (Maxime). *Les questions sociales au moyen-âge. — Tableau des origines et de l'évolution de la famille et de la propriété* (nouvelle édition).

(1) Les volumes de la collection pourront aussi être achetés brochés avec une diminution de 2 francs.